樂遊繽紛活力城 新北 風格私旅

策劃：新北市政府

撰文、攝影：韓小蒂、李麗文、周培文

萬象豐富的多元城市

醇美繁華，

每天上下班時我總愛端詳自己生活、工作的這個城市。晨間的街道最容易感受到一座城市的崛起——人們的朝氣與交通的順暢是關鍵，共同交織出不斷向前奔馳的城市軌跡；傍晚下班時刻，繁華街區拔地而起的天際線，烘托出遠方金色的夕陽與晚霞，襯映著華燈初上的都會氛圍，夜正年輕……

週末假日，我也一樣喜歡在這座繽紛城市到處探索：北有奇石嶙峋、海水正藍的北海岸，以及淡水、八里的小鎮風光，還有平溪、九份、金瓜石的迷人山城記憶；南有烏來溫泉鄉與碧潭水色的嫵媚風情；東有汐止的山林美景、深坑的豆腐美食；西有新莊、蘆洲、三重等區，訴說先民依水運開拓台北盆地的歷史軌跡，縱使滄海桑田仍有古廟、老厝與舊街，宛如凝固的歷史詩篇留予後人讀，更有多座光雕景觀橋夜夜綻放光彩，讓河流在今生璀璨的光影中，吟唱出自己與台北盆地攜手走過的燦爛歲月。

新北市，是我們的家，也總是旅人的目的地，這是座萬象豐富又有思想厚度的人文城市，是座場域廣闊又多元多姿的融合城市，是座可鄉野隱逸也可都會繁華的多面向城市，希望藉由《新北風格私旅：樂遊繽紛活力城》的出版，讓更多新北人、異鄉人、輕旅人、背包客，都能看到新北市山川的青春美好、底蘊的迷人富厚，以及人情的包容醇美，進而願意一再造訪這座物華天寶、俊彩星馳的城市，就像旅人的另一個家鄉，新北市隨時張開雙臂歡迎你回家。

朱 立 倫
新北市長

既古老又青春這城，

新北市，一個宛如甜甜圈般的美麗城市，擁有山林、海洋、溪谷、水岸、溫泉的自然美景，以及農莊、茶園的田園風光，還有百年來先民在台北盆地開墾的軌跡。不只在地理人文充滿寶藏，新北市的一年四季也有著許多精采節目：被外國媒體評為此生必遊的新北市平溪天燈節、獨立音樂的創造搖籃——新北市貢寮國際海洋音樂祭，以及全台最高聖誕樹聳立的不夜城——新北市歡樂耶誕城等活動，接連在新北市成為生活旅行的焦點。而隨著交通建設的進化，「一日小旅行」更成為擁抱新北市的最新玩法：在鶯歌三峽體驗先民工藝的溫潤傳承、在淡水八里感受小鎮的多姿多采、在福山走入原始山林感受自然的呼喚、在平溪欣賞科技與天燈完美結合的天燈館、坪林體驗茶鄉與單車的絕佳邂逅……每一段小旅行都將令你永難忘懷。

很高興《新北風格私旅：樂遊繽紛活力城》出版，有系統地解讀新北市的前世今生，讓八方旅人迅速掌握這座既古老又青春的城市。書中納入各項膾炙人口的民間祭典、節慶活動，以及市民生活中的幸福場景，並以人文風景為主軸，設計 10 條充滿探索樂趣的私遊路線，挖掘出新北市最富人文風采、常民生活色彩的特色面向，構成可散步、可放鬆、可深度、可揪團的旅遊動線，讓更多新北人、城市輕旅人、海外背包客，一起看見更讓心感動的新北人文風景。

陳 國 君
新北市政府觀光旅遊局局長

傳承百年的文化魅力

根據大陸知名旅遊網站「去哪兒」所做的調查，大陸旅客來台旅遊，台北市是第一選擇，而新北市環繞著台北市，就是台北市的近郊！很多朋友喜歡來台北市玩，因為那兒充滿現代感，其實新北市也一樣有非常現代感的面向，更難能可貴的是還有許多古老的傳承與人文資產。如果「文明」是當代旅遊的重點，也請別忽略這兒傳承百年的文化魅力！

因著天燈、鐵道與電影而出名的十分、菁桐、雙溪、九份等地，其中我最愛十分，火車道就在街上，跟店家如此接近！平日裡都是香港、韓國旅客，大家最喜歡在鐵道邊放天燈。

泡湯也是新北市的特色亮點，像烏來獨特的原民溫泉鄉風情，以及全球少見、只有搭纜車才能抵達的雲仙樂園，非常適合親子度假。烏來沿線的屈尺，有很棒的私宅餐廳「二八工作室」，每口都讓人鼓舌叫讚；還有景致優美的「優聖美地度假別墅」，在此喝下午茶賞山野美景，實為人生一大樂事。

《新北風格私旅：樂遊繽紛活力城》引導旅人從台北市出發，只要半小時到一小時路程，就可以親近新北市各區景點，開始了解這座多彩多姿的台北市後花園——不僅豐富了台北人的生活，更豐厚了台灣的人文風采。

戴勝通

《跟著董事長遊台灣》雙月刊創辦人

美好感受人文氛圍的

我是在新店安坑的車仔路一帶出生，工作生活在中、永和，假日活動就往金山、萬里跑。人生軌跡幾乎都在新北市流動，親朋、好友、客戶來到新北市，我一定義不容辭擔任熱血帶路人——帶他們去逛夜市、去吃個人覺得最好吃的美食店，而中永和充滿異國風情的的中興街韓國街、華新街緬甸街，也是最愛帶朋友去的街道。

我自己最愛逛秀朗路（復興美工前這段），這是美術用品社密集之地，街道上蕩漾著油畫味與紙張味，所有美感材料匯集於此，在這兒慢慢逛、慢慢挑非常愉快。此外，新北市還有豐富的人文氛圍，許多文化人都定居新北市，經常於街頭巷尾邂逅，給人一種文化就在身邊的美好感受。

《新北風格私旅：樂遊繽紛活力城》把新北市依區別設計成 10 條有風格的旅遊路線，將景點、交通、必備隨身物件盡皆考量在內，相當周到。在科技無所不在、Google、導航讓旅行更便利的時代，這樣一本鎖定區域的定點風格私旅，將提供旅人更人文、更盡興的新北市玩法。

蕭青陽

旅行藝術家

城市
非一般

身為新北市市民，每天往返於新店溪兩岸，習慣著日常的生活場域，直到之前參與了新北市文化旅遊的發掘與規劃，才驚覺這「自己的城市」多元而豐富的面貌。

新北，在我心目中是座「非一般城市」，它有別於高度集中的都會型態，而展現出擴散型「一區一特色」之個性；在城市發展的過程中，又有著來自台灣各地「移民」奮鬥成長與落地生根的故事。過去它們或僅被視為衛星城鎮，而現在，正是應該深入發掘並建立每個地區獨特風貌的時刻。

新北市不僅擁有便利的生活機能與便捷的交通路網，還擁有山川海洋等自然景觀；當越來越多的外地友人與旅客，渴求近郊更多樣化的旅遊選擇時，這本由我的老朋友小蒂、麗文，以及新朋友培文，綜合了不同的觀點所激盪而成的《新北風格私旅》，等於是提供了極佳的範本，值得每一位新北市市民珍藏參考。

工頭堅

資深部落客、國際領隊，現任雄獅集團《欣旅遊》總編輯

閱讀，這座城的細節

我對新北市的認識起始於福和、永福、中正、華中橋……然後是擁有傲人館藏的臺灣圖書館、四號公園、秀朗國小、中興街。

三年前搬離學校提供的宿舍，從公館一路步行至永和，立刻愛上永和。主要是它太像台灣任何一座小鎮，每條祕徑、每間舊屋，都讓人思及故鄉的景物，我發現這裡疊合無數異鄉遊子打拚的身影；然它與臺北市又僅一河之隔，庶民文化與都市文明的衝突混搭，形成永和最特殊的氣味，只能說永和像它自己。我尤其喜歡在中興街、竹林路、勵行街穿巷走弄，天天彷彿初來，天天都在閱讀它的細節、觸摸它的變化。

《新北風格私旅：樂遊繽紛活力城》對初抵新北的遊子，是一本入門生活書；對像我這樣的新北新居民，則是認識新北的進階書：從永和出發，山色海景如三峽貢寮、溫泉風光如烏來金山、港灣渡輪如淡水八里都等候著我；而對從臺北縣住成新北市的在地人來看，這本書更展示一座城市的開發變化，其中又折射多少永和家庭的日常生活，等你細細品味。

祝福《新北風格私旅：樂遊繽紛活力城》，讓我們一起在新北市寫下新故事。

楊富閔

青年作家

風景的城
一座開展繽紛

這是一本寫給外來遊客，亦寫給新北住民的小旅行書。

新北市是全台灣最多人口的城市，有來自台灣各地不同的族群於此工作、生活，撞擊與融合出繽紛多元的文化特色。這個過去被稱為「衛星城市」的區域，今日已轉化為多核心城市，在這裡，我們描畫城市裡競高的天際線，欣賞山河流經的小鎮風情；遊走淳樸的祕藏清境、懷舊的黃金山城，也穿梭城區裡蜿蜒的巷道……這個城市，我們無法單以一個形容詞或特色來定義，新穎是她，懷舊是她；忙碌是她，悠緩亦是她。這是一座擁有各種不同面貌的城，四季有節慶、各處有美食，隨時隨地，都為你開展不同的風景。

攝影 / Yen Hung

生活在城市裡，我們總習慣搭上某種快速的交通工具遠遊，彷彿拋下所有習慣的一切，才能滿載旅遊的行囊。這樣的旅程充滿了華麗的冒險感，但其實只要張開好奇的眼睛，即使不是遠遊，身邊的熟悉場域也會綻放嶄新的絢麗。

參與這本書的企劃、採訪者，有多數是新北市的在地人；跟著全書的路線，他們也踏上重新認識這塊土地的旅途，展開一場位於家附近的私遊——跳上搖搖晃晃的火車，尋找隱藏在山間的日式宿舍群、無人火車站；像偵探般仔細辨認電影裡的片段，是否也是我們生活的場景；漫步老街，感受孩提時的捏陶樂趣、品味傳統藝術之美；在巷弄裡迷路，只為了一間讓人心動的文創小店……一點一滴，將新北市之美濃縮成風格各異的十條路線，帶你上山下海，樂遊這座充滿活力的繽紛之城。

目 錄
contents

016 新北市的新鮮事

026 不可錯過新北事

｜隨書附贈 9 家店家優惠 COUPON，歡迎你一起樂遊這座繽紛之城｜

身體健康
充滿愛

祥庭

新北市
的新鮮事
New Taipei City

新北市轄區幅員廣大，擁有多元融合的人文風景以及豐富多變的山海之美，更有溫泉氤氳之趣……結合人文與歲時的節慶活動輪番上演，釀就情景交融的四季風情，形成無與倫比的新北特色。

隨著時代演進，我們看見昔日的沒落老街結合新意，延燒傳統技藝的窯燒、藍染，不只保留迷人樣貌，也融入新穎文創，以嶄新的面貌帶給人們驚喜與懷舊記憶，於各地點亮一盞盞美好的藝術燈火。

而新北之美，不只在眼前，亦在影劇畫面片段中，且讓我們跟著電影去旅行吧——悄悄走進一幕幕曾經感動心靈的場景裡，一次次重溫那深深寫入腦海的浪漫回憶。

月月有節慶

　　每當冬春之際，烏來、屈尺、汐止、石碇與三芝、淡水等區，粉白緋紅的櫻花璀璨綻放。春盡夏初，綠意蔥籠的山頭飄起「五月雪」，結合客家文化的桐花季，吸引民眾欣賞花季的人文風景。

　　新北市境內許多老聚落數百年來保留珍貴民俗文化，其中「平溪國際天燈節」人氣最高，還擁有全球知名度──曾被 Discovery 頻道票選為「世界第二大節慶嘉年華」、CNN 評選為「世界上 52 件最值得參與的年度新鮮事」、旅遊出版社 Fodor's 列入 14 大此生必遊的經典節慶之一！

　　陽光、沙灘、碧海與音樂，這裡也一樣不缺！每年「福隆國際沙雕藝術季」揭開夏日序幕，「貢寮國際海洋音樂祭」更是世界知名的重量級搖滾團體與地下樂團的出演擂臺，許多天團、大咖共襄盛舉，讓青春男女為之瘋狂。

　　年底壓軸的「歡樂耶誕城」以全台最高聖誕樹亮燈為活動高潮，搭配周邊裝置藝術及園遊會、耶誕晚會、踩街嘉年華，一直熱鬧到新年降臨。

時間	節慶名稱	地點
農曆正月初六	三峽清水祖師祭	三峽長福巖清水祖師廟
農曆正月十五	平溪國際天燈節	菁桐、平溪、十分
農曆正月十五	野柳神明淨港文化祭	野柳
2-3月	新北市櫻花季	三芝、淡水、烏來、汐止、石碇山頭
4月	媽祖文化節	板橋慈惠宮與各參贊宮廟
4月	中和潑水節	中和區華新街
4-5月	新北市桐花季	新北市土城山區
5-6月	福隆國際沙雕藝術季	福隆海水浴場沙灘
6-12月	新北健康三寶（綠竹筍、甘藷、山藥）	各產區
7月	貢寮國際海洋音樂祭	福隆海水浴場沙灘
9月	石門國際風箏節	石門區
9-10月	新北市螃蟹季	萬里
10-11月	泰山獅王文化節	泰山
11-12月	新北市溫泉季	金山、萬里、八里、烏來等。
12月	新北市歡樂耶誕城	新北市政府前市民廣場

1. 平溪天燈節是此生必遊節慶之一。2. 貢寮國際海洋音樂祭秉持完全免費的接力演出模式，年年吸引許多年輕人參與盛會。3.「歡樂耶誕城」以新北市政府前的市民廣場為主軸。

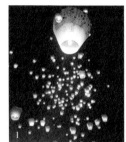

影劇拍不停

在淡水小鎮，周杰倫跟桂綸鎂以青春的苦澀與甜美，譜下〈不能說的祕密〉。找個微風吹拂的午後，騎上腳踏車來到古意盎然的淡江中學，等候小雨穿越時空的身影。淡江中學歷史悠久，校內老樹成蔭，烘托著中式紅瓦頂的紅磚洋樓校舍，散發中西合璧式的古色古香氛圍。校門前這條窄窄的真理街上，有淡江中學、真理大學、教士會館、小白宮、紅毛城，都是電影戲劇喜愛取景的美麗所在。

烏來山區不僅有誘人的溫泉資源，還有豐富而原始的山林與溪谷美景，吸引大導演魏德聖史詩巨作〈賽德克・巴萊〉來此取景。電影中蒼翠美麗

1. 金瓜石黃金博物園區。2. 臺陽礦業公司平溪招待所的日式房舍戲味十足。
3. 福山里大羅蘭溪濱溪步道。4.《賽德克‧巴萊》素人明星林慶台牧師服務的福山里基督教長老教會。
5.《不能說的祕密》有不少片段在淡江中學取景。

的險要溪谷，就在桶後越嶺古道拍攝，賽德克族生活祕境彷彿重現眼前。電影中飾演成年莫那魯道的素人明星林慶台，就在烏來區福山部落的基督教長老教會擔任牧師。

此外，偶像劇〈放羊的星星〉裡仲天琪跟夏之星相約的空中纜車，就是烏來風景區通往雲仙樂園的空中纜車，可凌空欣賞瀑布與櫻花美景。

九把刀的〈那些年，我們一起追的女孩〉，讓平溪石底橋放天燈、大聲告白，成為青春戀人必修學分！電影中沈佳宜在平溪街上用拖把打柯景騰的片段，還有兩人放天燈、大膽告白的經典場景也都是在平溪拍攝。

大導演侯孝賢的〈悲情城市〉是否曾感動你？那座歷經滄桑的山城聚落，因電影的經典映象，重新走進繁華的輪迴。九份最具代表性的建築──昇平戲院，也在吳念真導的〈多桑〉、日本大導演今村昌平編導的〈女衒〉，以及韓劇〈ON AIR〉裡出現，展現獨特滄桑的時代氛圍。

因為導演魏德聖團隊拍攝〈KANO〉，大家才知道台灣嘉農棒球隊曾在 1931 年打進日本甲子園決賽！嘉農棒球隊的精神在 80 餘年後，藉由〈KANO〉重新感動台灣。劇組為求寫實，跑遍全台探訪勘景，其中有一幕近藤向仕紳籌措經費的場景，就在臺陽礦業公司平溪招待所取景拍攝。在和洋折衷日式木造建築拍照留念，更要一睹日式庭園最吸睛的台灣造型景觀池，才算不虛此行。

1. 三峽老街是欣賞人文與建築藝術的好去處。2. 晾晒藍染成品像懸掛美麗旗幟。3. 鶯歌三鶯之心空間藝術特區。

文創在這裡

　　近年在文創發展與觀光結合的趨勢下，帶動許多傳統產業轉型，不但從「古意」中創造「新力」，更能在生活方圓中創造樂活新天地。

　　原本就擁有雋永傳統工藝的三峽鶯歌地區，近年來有許多文創工作者進駐，成為新北市的藝文重鎮。在鶯歌陶瓷博物館欣賞兼具新穎與傳統風格的各式陶藝品、參加陶藝教室親手體驗陶土的觸感；或到東方藝術殿堂——清水祖師廟，欣賞李梅樹大師的雕塑藝術；想嘗試DIY手作體驗，可到三峽染工坊製作圖案美麗的藍染手巾，感受當年藍染產業輝煌風華；還可前往由老厝重新改建而成的「甘樂文創」，小小一方天地，拾綴三峽生活中的動人元素，並整合社區營造、文創

商品、藝文展演與餐飲服務，滿載三峽在地獨特氛圍。

　　想參與文創市集活動，可前往板橋435藝文特區、中和公園，或淡水的重建街。原為退輔會訓練中心的板橋435藝文特區，近年改造成為板橋地區藝文發展園區，成為一個感受、體驗、及實踐藝術的公共空間。而「中和公園」舊稱四號公園，是中和市內最為廣大的公園，近年來時常成為各文創市集的舉辦地點，讓原本僅供休憩的公園，不知不覺中成為文藝市民的樂活園地。淡水重建街則有全台唯一的階梯式市集，每個月第二個週末，以創意作品、街頭音樂、鐵馬咖啡與無敵美景，歡迎旅人光臨這座有著230年歷史的古市街。

1. 三峽藍染體驗。2. 藍染遊客服務中心。3. 鶯歌陶瓷博物館。

傳藝新演繹

新北市南端三鶯之城，一個是陶瓷重鎮，一個是藍染之鄉，可說是匯集工藝之粹的寶地。

約 200 年前，在鶯歌發現尖山地區盛產黏土，就地設窯製陶，形成最早的陶瓷聚落，出產以手拉坯及泥條盤築製作的缸、甕、缽等，是全台灣最大的陶瓷藝品輸出地，當時的燒窯場一座又一座，舊照片中，鶯歌地平線上高聳的煙囪林立。台灣光復後，進口陶瓷供應中斷，使得台灣陶瓷逐步機械化大量生產，70年代後鶯歌有 80% 以上工廠為陶瓷製造業，陶瓷也成了鶯歌的代名詞。

但 90 年代後，隨著中國市場開放衝擊、窯場外移，鶯歌陶瓷業者也意識到危機，於是在 1995 年舉辦第一屆「鶯歌陶瓷嘉年華會」。而嘉年華會的成功，更展開了鶯歌產業改造計畫，陶瓷老街翻新、鶯歌陶瓷博物館落成、興建以陶瓷為主題的陶瓷公園等，讓鶯歌風華再現。

與大漢溪相望的三峽，舊名「三角湧」，是北台灣淡水河上游早期開發的沿岸聚落，有 2/3 是山地，除了煤礦及樟木帶動了採礦與煉樟腦業的發展，另外滿山的大菁（馬藍）亦讓藍染產業盛極一時。當時在三峽老街上的染布店前進作為店面，後進作為染布場，染好布即往屋後的三峽溪漂洗，在溪畔晾曬染布，直到逐漸被化學染劑取代。三峽藍染消失百年之久，幸好在地方推動下，推廣藍染技術，並成為三峽區國小特色教育課程之一；近年來三峽結合了染布藝術與生活，每年更舉辦「三峽藍染節」，吸引不少藝術愛好者特地前來參與。

不可錯過
新北事
New Taipei City

新北市環山傍水，有豐富的自然資源，亦有繽紛的人文意趣。在這裡，你可以騎上單車，與河岸微風來場舒心約會；在小鎮老街上，感受古老街道、建築，小販熱情地邀請你來杯茶，歇歇腿；或挑個冬日的週末，與家人泡泡溫泉、看看海景，暖身也暖心。

這座城的四季都是好時節，上山賞紛紛春櫻、記憶一場桐花雪，或走訪茶園小徑，親近美好自然。觀光工廠也是不可錯過的豐富體驗，新北市生產製造業發達，業者以深入淺出、生動有趣的方式介紹商品生產過程，融合產業教育、旅遊樂趣，有吃、有玩又有學習，最受親子旅人歡迎。

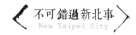

我的鐵馬小旅行

　　新北市共有淡水河、基隆河、大漢溪、新店溪等多條河川流經，沿著這些河域規劃有許多設施完善的河濱公園與自行車道，風光各異，每條路線都可親近大自然，無論白天夜晚，都適合透過自行車與這座親水城市來場甜蜜約會。

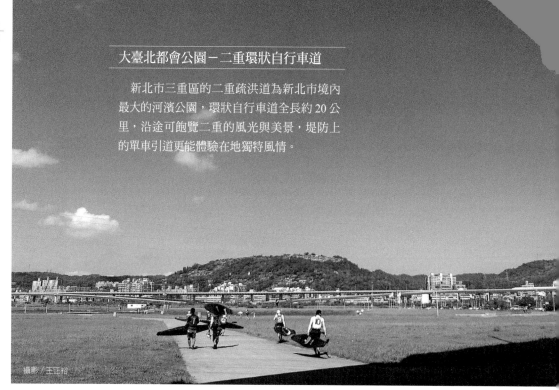

大臺北都會公園－二重環狀自行車道

　　新北市三重區的二重疏洪道為新北市境內最大的河濱公園，環狀自行車道全長約 20 公里，沿途可飽覽二重的風光與美景，堤防上的單車引道更能體驗在地獨特風情。

攝影／王正裕

暢遊北海岸單車之旅

　　金山萬里自行車道從萬里的國聖海灘開始，經金山青年活動中心一路行至沙珠灣，沿途海天一色、風光宜人。途經台二線時還會經過社寮賞鳥區、農田、蓮花田、海尾賞鳥區，能欣賞純樸迷人的漁村風光。

新店溪自行車道一日遊

　　新店溪自行車沿新店溪而行，從碧潭吊橋開始，沿路上木棧道、水泥路、柏油路、地磚鋪路交錯出現，由於車道平整安全，騎來相當順暢。沿途景色包括河岸風光、大都會住宅、運動公園，一直到花園綠地。

坪林金瓜寮觀魚自行車道

　　溪魚成群的金瓜寮溪，讓這段全長 23.4 公里的自行車道，也被稱做「觀魚自行車道」。這條自行車專用道採人車分離，沿途可俯瞰金瓜寮谷景致，與世隔絕的靜謐感散發著與其他自行車道不同的魅力。

大漢溪左、右岸自行車道

　　大漢溪擁有秀麗的河岸景致，其自行車道可分為左右岸兩條，大漢溪左岸連接新莊、樹林、鶯歌，右岸以板橋華江大橋為起點，騎到土城全長約 12 公里。暢通無阻的車道，騎來更具快感。

小鎮老街慢慢走

　　每至假日，小鎮老街湧入人潮，古樸街道、懷舊氛圍、飄香美食、熱絡叫喝聲……在新舊交融之下，記憶的寶箱在這裡打包，一一放進回憶裡。

　　三峽老街是新北市幾處老街中修繕最完善，也保存較完整的老街。範圍包含了民權街、和平街、仁愛街和中山路等，其中以民權街最盛，長達 260 公尺，擁有 100 多座街屋。過去能在三峽老街擁有房子的屋主，大多數是經商致富的有錢人家，因此在建築型式上多所講究，建材用料更不惜遠從國外進口而來，讓三峽老街展現了不凡的雍容氣勢。

　　出了淡水捷運站，往中正路及延伸的重建街、清水街一帶，即是淡水老街。淡水的發展可說從福佑宮一帶開始，雖然建築早已不是紅磚綠瓦，但商舖林立，傳統大餅、鐵蛋和各式酥炸漁獲飄香，每月一次的重建街市集

1. 三峽老街的廟會活動。2. 每至假日老街上萬頭鑽動的景象。
3. 三峽老街的街屋，以拱型的迴廊著稱。

更滿載創意活力。但偶爾穿入附近小巷，卻又發現不同的風景，經久失修的荒廢老屋彷彿埋藏了不為人知的祕密，與河邊的人潮形成有趣對比。

在北端的金山，舊名金包里，老街上的建築大多起造於清代，還有些具有古早味的小商鋪，遊走在米店、雜貨鋪、農具店、枝仔冰、古玩……等，彷彿來到阿公、阿嬤的年代。一些本地特產也能在這裡買齊，以芋仔蕃薯、茭白筍為多，也可以買到各式青草茶的材料，極具地方特色。

鄰近北市盆地的深坑，老街昔日以販賣茶葉及染料為主，現在則以豆腐料理最為出名。全長 300 公尺的老街現在聚集了各色餐廳、小吃、藝品、特產店林立，尤以豆腐美食的小吃館最多，標榜純手工製的鹽滷豆腐，用各式烹調方式料理，十分美味。

新北市各溫泉會館
請上新北市政府觀光旅遊局查詢

1. 北海岸知名的金山溫泉鄉（林松何攝）。2. 新北市的溫泉大多與野溪河流相伴，形成特殊的溫泉鄉特色景觀。3. 很多民眾喜歡到烏來泡湯。4. 烏來山區飛珠濺玉的瀑布，讓旅人在泡湯之餘還能享受負離子滿溢的景觀散策。

四季泡湯心暖暖

　　新北市擁有豐富的溫泉資源，主要分布在南端山區的烏來，以及北海岸一帶的金山萬里、淡水及八里都有湯煙氤氳，三峽、土城亦有可享受泡湯樂趣之處。金山溫泉鄉的泉源與陽明山溫泉系出同門，皆為大屯地熱帶的恩賜，泉質非常多元，包括氯化物泉、硫酸鹽泉、硫磺泉等，種類繁多，各具效能。金山萬里溫泉另一大特色便是坐擁北海岸蔚藍海景，博得寶島最北溫泉鄉美譽，又因濱臨海岸，有些溫泉甚至帶有鹽份！泡暖湯、賞海景，再加上有知名的金包里小吃與特產地瓜，讓北海岸溫泉之旅更加完美。

　　八里的溫泉礦源於觀音山，與大屯山為同一系列，是深藏地下 1000 公尺的自然湧泉，屬於碳酸氫鹽泉，亦即深受仕女喜愛的美人湯。由於大型業者的開發，在溫泉之外增加 spa、三溫暖、岩盤浴等設施，形成獨具特色的溫泉度假區。

　　位於新北市南邊山區的烏來是老牌溫泉鄉，發展歷史可追溯至日治時期，溫泉分布區域包括忠治里、攬勝大橋周邊及西羅岸一帶，泉質屬碳酸氫鹽泉，是傳說中的優質美人湯。

　　客來烏來，春日賞櫻泡溫泉之餘，還可欣賞精采的原民歌舞、懷舊的台車體驗、美食林立的溫泉老街等等，形成多采多姿的溫泉旅遊線。近年進駐烏來的溫泉業者，競相以溪流美景、藝術活動、頂級泡湯設施塑造自家特色，與大眾化溫泉浴室做出區隔，讓溫泉旅人有更多的選擇與體驗。

1. 烏來山櫻花。2. 夏季到觀光農場可欣賞到仙人掌開花。3. 紫藤咖啡園。
4. 每至春季，農場裡的繡球花開出美麗的花色。

花季生態樂遊遊

　　時序入春，北台灣花季陸續展開，從烏來山間的山櫻花開始，淡水天元宮的吉野櫻、土城承天禪寺的油桐花、三芝阿助伯農場的愛情花、淡水紫藤咖啡園的紫藤花、北海岸白沙灣的野百合、三重荷花公園的荷花……到入秋後雙溪茶花莊的茶花綻放，四季處處有花賞。新北市政府也依花季舉辦不少活動，例如「新北市櫻花季」，每年都規劃了最佳賞花路線和景點，讓民眾可依指引前往賞花。

　　而新北各地休閒農場了維護生態環境，都不施殺蟲劑或除草劑，採人工方式除草。以石碇的「二格山自然中心」來說，園區內規劃出木造屋、土造屋、茶園咖啡屋、香草園等設施，並安排各項體驗課程，每年一度的螢火蟲季更吸引無數民眾前來觀賞流螢滿天的幻境。雙溪的平林農場精心維護園區，並種植許多蝴蝶幼蟲愛吃的植物，炎夏中園區裡蝴蝶翩翩飛舞，是賞蝶的最佳去處。

　　賞花之餘，到山中雲霧縹緲的茶園裡喝杯茶也很不錯，坪林是北台灣重要的茶葉種植區，地形綿延起伏，溫暖潮濕雲霧瀰漫，茶樹生長良好，加上從清朝傳承下來的製茶技術，而有「南烏龍、北包種」的美譽。想喝好茶、看山景，不妨到坪林找茶趣吧！

新北市觀光工廠可上
新北市政府經濟發展局網站查詢

親子觀光玩工廠

近年台灣掀起一股觀光工廠熱潮，找個時間，帶著孩子來體驗各行各業吧！新北市生產製造業發達，很多業者感受到親子旅遊的重要性，紛紛主動投入觀光工廠的行列，以深入淺出、生動有趣的方式讓民眾瞭解商品生產過程，並提供 DIY 體驗、免費試吃，以及獨具特色的創意紀念商品賣場，讓親子之旅結合學習，更加豐富多元。

這種將製造業與觀光旅遊結合的模式，原意是幫助因市場改變而步入夕陽產業的傳統工廠，變身投入觀光旅遊服務——將原有的生產線與廠房加以調整，增加產業歷史與製程說明牌、設計導覽路線與體驗課程為目的，藉此吸引民眾、為產業開啟第二春。生產製造業發達的新北市，很多業者感受到親子旅遊的重要性，紛紛主動投入觀光工廠的行列，使得新北市儼然成為親子觀光工廠的重鎮。

像是鶯歌區素來以陶瓷聞名，除了陶瓷工廠，也有瓷磚工廠投入觀光工廠行列，不妨前往一探這美麗建材的誕生過程。林口區的金工藝術館、淡水區的琉璃藝術館，都希望藉由親子觀光達到產業扎根、欣賞力提升的目的。

喜歡吃糖果、餅乾、糕點、鳳梨酥嗎？五股、土城聚集不少食品工廠，其中還有大家耳熟能詳的品牌，紛紛開設博物館、文化館，或打造夢工廠、幸福城堡，讓親子能夠快樂體驗。新店區知名冰淇淋品牌開辦的夢工廠，更是小朋友夢寐以求的甜美天堂。而農產豐富的三峽區，亦以在地農特產與傳統肥皂製造，打開觀光工廠的體驗路徑。

融合了產業教育、旅遊樂趣於一爐的親子觀光工廠，打開製造者與消費者彼此的視野，也讓旅人們看見互動的美好力量。

1. 肥皂是如何製作的呢？來試試看吧！ 2. 結合產業與特色的觀光工廠，是大小朋友最棒的課外教室。3. 觀光工廠打開了製造者與消費者雙方的視野。4. 親子一起動手玩，就是最棒的紀念品！

旅行
的味蕾
New Taipei City

新北市靠山環海，山珍海味唾手可得；在這裡，你試著以味蕾標記流浪的座標，卻發現難以一次攻略全城，於是掂掂胃袋分量亦放慢腳步，在不同的旅程中，次次發現舌尖上的驚喜。

挑一日早晨，鑽入傳統早市，在生鮮熟食間迅速了解當地口味、嗜好與物價水平，或於黃昏時逛逛夜市，品嚐地方特色小吃；在郊區小鎮的河景咖啡館，伴隨浪潮聲之餘來杯手作烘焙香，放空享受一段愜意時光；然後在北海岸挑間與海洋零距離的餐廳，大快朵頤生猛滋味；或者，走逛都會區中，隨著心意走入異國餐廳，不只可見美式、義大利等國料理，還有韓國街、緬甸街提供道地風味。在這裡，美景與美食相伴，讓眼睛、胃口都大呼滿足。

北海岸嚐海鮮

　　新北市北海岸有多處漁港，是北台灣沿岸與近海漁業的作業基地，四季皆有生猛活海鮮，成為北海岸美食的一大特色，也讓淡水、八里、貢寮與石門富基漁港的海鮮餐廳生意一直強強滾。不過近年來名氣大增的「萬里蟹」，讓萬里區的海鮮餐廳有後來居上之勢，吸引許多老饕前往。

　　萬里區背山面海，區內有四處漁港，從日治時代以來就一直是漁業發達的村落，附近海域更因親潮、黑潮的交錯匯流，形成得天獨厚的漁場。近30年更因在地漁民精進專業，成為台灣最大的海蟹捕撈基地。台灣超過8成以上的野生海蟹，都由萬里區的漁船所捕撈，而這些專業補蟹船的船長幾乎都是萬里人，也因此讓萬里蟹成為台灣海蟹的第一品牌。每年10月，萬里鄉親還會舉行螃蟹嘉年華會，邀請親朋好友一起體驗蟹鄉

風情、圍桌大快朵頤。

萬里蟹包含花蟹、三點蟹、石蟳，而這3種海蟹的季節與肉質風味，仍有些許不同。例如體型最大的花蟹，全年都吃得到，其中以端午與中秋節前後的花蟹最肥美鮮甜；三點蟹的產季則集中在9至11月，是屬於殼薄肉細爆肥的上等好蟹；至於石蟳體型最小，產季集中在冬天，由於蟹腳飽滿，最常被拿來做奶油蟹腳、石蟳火鍋、水蟹粥等。

這些野生海蟹須全程以活水的海水缸貯養，因此不易出口，如果想吃到最正港的萬里蟹，最好是直接到北海岸，在當地的海鮮餐廳挑選產地直送的新鮮美味。

1. 每年夏天是北海岸小管捕撈船的作業旺季。2. 快來北海岸挑選最新鮮的海產！3. 花蟹肉甜個頭大，是桌上常客。4. 在萬里漁民不斷精進專業，讓這裡成為台灣最大的海蟹捕撈基地。

都會的異國美食

　　新北市幅員廣大，在各區域都有許多異國美食。街道巷弄裡，義大利麵、日式拉麵丼飯、美式早午餐、英式下午茶……隨處可見，也是許多人聚餐約會的首選。而除了這些常見的選項之外，還有什麼特別又到地的風味呢？

　　像是新北市中和區南勢角華新街一帶，因不少緬甸華僑聚居此地，匯集了許多滇緬泰印等南洋風味小吃店，以及販售南洋食貨商店，藉由味蕾與脾胃撫慰熱帶的鄉愁。

　　走在華新街上，招牌與菜牌多漢緬對照，且店家與食客多以家鄉話交談，讓人有種置身南洋的恍惚感。緬甸商店裡的各式香料、南洋調味料、飲品、餅乾、零食，都印著泰、緬文，十足異國風情。緬甸曾受英國統治，因此深受英國影響，亦有喝早茶與午茶的習慣，所以有些店家在三餐時段外，也在上午 10 點與下午 3 點開闢早、午茶時間，供應咖啡、緬式奶茶、印度奶茶、阿華田、好立克、檸檬汁等飲品，搭配椰子涼糕、緬甸發糕等南洋甜點。

1. 緬甸烤餅與奶茶，讓人齒頰留香。2. 充滿異國風情的菜單。3. 華新街的小吃店招牌都有兩種文字，彷彿來到異國街道。4. 印度風味的牛肉咖哩。5. 港式茶樓的好滋味。

在這裡，許多老爺爺、叔叔伯伯都喜歡坐在騎樓座位上，喝茶聊天賞街景，別有一番人間悠閒。

華新街不只泰緬、清真小吃有名，除此之外，祥鈺港式茶樓也頗有名氣，菜單上除了正統港式點心、麵飯、佳餚，還配合緬甸街氛圍供應月亮蝦餅等南洋點心。

近年中、永和區新移民增加，每到四月泰緬新年——潑水節，緬甸街都會盛大慶祝，吸引無數新移民與觀光客前來同歡，熱鬧非凡。

店名	地址	電話
李園清真小吃	新北市中和區華新街 9 號	（02）8668-9653
金鷹商店	新北市中和區華新街 34 號	（02）2946-8189
異鄉小吃	新北市中和區華新街 42 號	（02）2940-4086
金福緬甸小吃店	新北市中和區華新街 58 號	（02）8942-2989
勃固小吃店	新北市中和區華新街 64 號	（02）2940-5785
祥鈺港式茶樓	新北市中和區華新街 65 號	（02）2949-1486
湘園美食雲泰緬小吃	新北市中和區華新街 83 號	（02）2949-2946

咖啡茶酒，甜點人生

　　徜徉綠蔭如蓋的公園、眺望開闊的淡水河景、探訪美麗迷人巷弄、漫遊人文市集小鎮，此時此刻手裡如果有杯熱咖啡，那該有多好！

　　波光瀲灩的碧潭，東岸舒適的半露天座位可欣賞潭影、綠帶與天鵝船。西岸小赤壁美景與「碧潭」勒石之上，老牌的碧亭茶館坐看碧潭歲月流光。碧亭佔有絕佳的景觀地利，堅持泡茶配茶食的傳統，櫃檯那排壯觀的茶食桶，讓人忍不住點上一堆泡茶去。

　　沿捷運北行，當年馬偕行醫的滬尾偕醫館，至今仍保存當時的診台、藥罐、拔牙器械，大致維持原貌的起居室裡，古老的壁爐、老風琴都還在。現在醫館成為展覽空間，讓人一窺過往歷史痕跡，並在館內開設馬偕咖啡，以咖啡香烘托主題文創商品，成為旅人停下腳步緬懷舊日的感性空間。而同在淡水小鎮上的「有河BOOK」書店，店家選書

1. 在古蹟裡啜飲咖啡，品嚐保存當年滋味的馬偕餅吧！ 2. 假日在美好空間享受美味鬆餅，這才是生活！ 3. 咖啡館裡的可愛店貓 Money。

頗見功力，人文、藝術、生態、旅遊無所不包。書店當然要有咖啡香，最好還有親切又自有主張的貓咪，一間獨立書店也就足矣。

中和、永和近年也在巷弄裡開了許多隱藏版咖啡館，其中「私藏不藏私」將普通公寓變裝成歐陸鄉村風咖啡館，讓人眼睛一亮。店內咖啡座是懷舊的課桌椅，店貓MONEY 不時巡店檢視可疑的大包包與披掛的圍巾、外套，而店內販售饒富情味的西洋雜貨，以及精緻的相機訂製皮套，都是文青最愛。而中永和綠肺——中和公園內的活水文化創意園區，設有活水印象咖啡館，香濃的咖啡與美味的甜品，洋溢濃濃悠閒風情，非常有滋味。

店名	地址	電話
私藏不藏私	新北市中和區景安路 167 巷 6 號 1 樓	(02) 8943-3173
中和公園活水文化創意園區 活水印象咖啡館	新北市中和區中安街 85 號 B2	(02) 2231-8131
勃固小吃店	新北市中和區華新街 65 號	(02) 2949-1486
PEACE & LOVE CAFE	新北市新店區民權路 42 巷 18 號	(02) 7730-6199
碧亭茶館	新北市新店區碧潭路 1 號	(02) 2212-9467
水灣餐廳	新北市新店區碧潭風景區 東岸商店街 9 號	(02) 2912-5568
滬尾偕醫館咖啡	淡水區馬偕街 6 號	(02) 2629-2515
紅樓咖啡廳 RED 3 CAFE （德裕魚丸店旁巷內樓梯上山）	新北市淡水區三民街 2 巷 6 號 3 樓	(02) 2625-0888
真理大學 教士會館	新北市淡水區真理街 32 號	(02) 2621-2121#5301
有河 book 書店	新北市淡水區中正路 5 巷 26 號 2 樓	(02) 2625-2459
走味的咖啡	新北市平溪區十分里十分街 110 號	(02) 2496-8890
阿妹茶酒館	新北市瑞芳區市下巷 20 號	(02) 2496-0833

夜市、早市逛逛

　　認識一座城市最快的方式，就是去逛傳統市場。市場裡，四季時令蔬果輪番登場，豬肉牛肉雞鴨魚肉是必備攤位，南北乾貨、修改衣鞋、香燭店、傳統餅鋪、挽面、鍋碗瓢盆……市場裡通通有。

　　新店區的惠國市場，除了生鮮蔬果與肉類，現蒸熱賣的饅頭、傳統糕餅點心店頗受歡迎；捷運府中站的黃石市場，是板橋人舌尖上的傳統市場。永和的溪洲市場歷史悠久，排骨酥冬粉深受婆婆媽媽喜愛；中永和智光黃昏市場配合上班族需求，蔬果肉類、熟菜飯食一應俱全，晚上七點多就賣完收攤。

　　逛夜市亦是民眾的消遣娛樂，永和樂華夜市美食當道，烤玉米、咖哩王子、泰式料理頗有口碑。中和興南夜市東山鴨頭、粉圓之家很厲害。蘆洲廟口夜市以家用雜貨與服飾為主，別忘記吃一碗有名的切仔麵喔！

☀ 早市

地區	市場名稱	位置	特色
新店區	惠國市場	中正路 76 巷、德正街	蔬果、肉類、麵食
	仁愛市場	中正路與建國路交叉口	蔬果、肉類、小吃
板橋區	黃石市場	捷運府中站（舊板橋前站）	小吃
三重區	重新橋觀光市集	重新橋下	清晨為菜市場，之後為新舊貨市集
永和區	溪洲市場	勸行街、復興街	蔬果、肉類、雜貨
中和區	智光黃昏市場	中正路、民享街口	蔬果、肉類、熟食，並有小小書房

☽ 夜市

地區	市場名稱	位置	特色
三重區	三和夜市	中央北路	脆腸、餛飩湯圓、肉圓、烤肉、木瓜牛奶
新莊區	輔大花園夜市	新北大道六段 100 號	台式鬆餅、炸飯糰、爆漿炸蛋餅、魚翅羹、造型泡芙、煙囪捲、烤全豬、大魷魚
蘆洲區	廟口夜市	得勝街、成功路	家用雜貨、服飾、切仔麵
林口區	竹林夜市	竹林路、中山路交叉口空地	週三、日營業 鮮芋球、雞排、超酥臭豆腐、炸肉圓、土耳其米布丁、章魚燒、滷味、遊戲攤
板橋區	南雅夜市	南雅東路、南雅南路一段口	排骨酥湯、麻油雞、奶瓶爆米花、番茄盤、珍珠撞奶、胡椒餅、章魚燒
永和區	樂華夜市	永平路、永和路至中山路、保福路一段	咖哩王子、泰國料理、炸魷魚、油雞、地瓜球、排骨酥、脆皮雞蛋糕、雪花冰
中和區	興南夜市	信義街、興南路一段	東山鴨頭、粉圓之家、牛仔大王老店
樹林區	樹林夜市	保安街、博愛街、溪北路一帶	蚵仔煎、黑胡椒雞排、黑肉圓、豬血湯、水煎包、車輪餅
汐止區	汐止觀光夜市	中央北路	鹽酥雞、滷味、刨冰

關於
新北市

New Taipei City

這是關於一座城市的前世今生。

台北縣很老，活在已步入歷史的前世；新北市很新，在民國百年前夕的行憲紀念日誕生，展開今生的故事。從此，台北縣從網路地址選單上消失，新北市取而代之，所有的縣轄市也在一夜之間以「區」代「市」，成為偉大城市的一區一份子。

現在，新北市正不斷釋放出國際都會的雄心企圖與磅礴氣勢，核心區域櫛比鱗次的高樓商廈、各區之間高架盤旋的快速道路、打破區域時空落差的三環三線捷運網絡，從此空間不再是各區演化的阻隔，而老聚落珍藏的傳統文化與民俗絕活，透過活絡的人潮流動，再次驚艷新世代的五感。

新北市是以台北盆地為圓規,以台北市為圓心繪出的美麗甜甜圈。新北市北臨海水蔚藍的北海岸與基隆市,東南以山巒銜接宜蘭縣,西南與航空國門桃園縣比鄰,是一座集山海美景、都會精華與氤氳溫泉的精采城市。

在這座統轄二千餘平方公里人文風土的城市裡,有將近四百萬市民一同起居作息:冬春之際欣賞清新脫俗的茶花,早春上山踏青賞山櫻;早晨一起搭乘公車、捷運通勤,傍晚一起飛奔回家;夏夜裡我們湧向各區知名的夜市,和家人共享美味的小確幸,週末清晨蹬上飛輪,在河濱自行車道揮灑汗水。這就是我們居住的城市,不是世界最美,卻永遠是心裡最好的所在。

一城,一家人

四月的華新街潑水節瘋狂展開,來自四面八方的遊客都迫不亟待地加入「濕身」行列,祈求新的一年得到宛如泉湧的祝福。這是落腳在中和的滇緬華僑帶來的新習俗,在新移民人數眾多的新北市,南洋的鄉愁在新故鄉得到些許慰藉。

在原住民部落七月舉辦的豐年祭,每年八月左右也會在新北市熱烈登場,是遷居新北市的原住民朋友為了不忘部落傳統與感謝祖靈,發展出的都會型豐年祭,也成為新北市的新民俗傳統活動。

新北市四百萬人口中,包括從前的各省族群、早期渡海的閩南與客家族群,以及融入都會生活的原住民族,和最新加入的新移民,構成這座甜甜圈城市的多元面貌,並帶來多采多姿的傳統習俗,成就一座國際都會城最迷人的萬象 DNA。

撫觸此城的百年前世

新北市是早年台北盆地開拓的前驅,在各處曾經繁盛的水陸碼頭都留下可觀的百年遺跡,猶如活生生的

攝影 / MACHKAZU

攝影／Alan49

台北盆地開墾史。它們可能是一座座香火鼎盛的宮廟，像新莊慈祐宮與潮江寺，以及新店碧潭的太平宮；可能是一間間作育英才的私塾學堂與百年小學，像大觀義學、理學堂大書院，以及老梅國小、坪林國小等；可能是地主富戶的宅邸園林，像林本源園邸、蘆洲李宅等；可能是作戰戍守的碉堡工事，像紅毛城、滬尾砲臺等；可能是商業興隆的老街，像新莊廟街、三峽老街等；可能是在地歷史悠久的生活產業，像鶯歌陶瓷博物館、金瓜石黃金博物園區；還有可能是都市建設中挖掘到的史前遺址，像十三行遺址等。

百年古蹟固然要悉心保存，但百年內劇烈的社會變遷與都市擴張，也留下為數可觀的歷史空間，如今以文創精神加以保留活化，成為都市人的心靈綠洲，同時也為曾發生過種種歷史現場，留下憑弔不忘的線索，像景美人權文

攝影 / Alan49

化園區、板橋435藝文特區等;而各式民間習俗與傳統慶典,也脫胎換骨躍上國際舞台,平溪天燈節即為顯例。

開往未來的載具概念

穿越盆地的河流是新北市前世興衰的關鍵,而捷運則是今生的再起與沸騰。當我們坐上穿越時間與空間的時光通道,這才理解台北艋舺的興起,是新莊繁華的續集,漳泉械鬥與和解的故事不斷在各庄頭搬演,而南線的山邊上演了漢族與原住民族的心接觸。

新北市三環三線的捷運架構,以淡水線、板南線、南勢角線、新店線、蘆洲線、新莊線,交織出零時差未來的交通脈絡。

喜愛飛馳兩輪的單車客,在新北市最能享受盡其在我的速度感。目前新北市已開闢多條景觀自行車道,包括淡水・金色水岸自行車道、八里・左岸自行車道、新店溪自行車道、大臺北都會公園——二重環狀自行車道、大漢溪左&右岸自行車道、三芝石門自行車道、萬里金山自行車道、坪林金瓜寮觀魚自行車道、貢寮鹽寮至福隆濱海舊草嶺隧道、板橋新莊新月橋、雙溪雙鐵之旅等等,其中淡水、八里、碧潭的自行車道風景美、交通便利、吃喝玩樂配套完整,深受市民與國際自行車愛好者的推崇。

漫步藝文行旅之美

每座城市都努力拓展觀光旅遊,活化地方經濟。新北市也不例外,板橋林本源園邸的古蹟之美,以及板橋435藝文特區的場域魅力;烏來溫泉、櫻花

與台車的驚豔組合；鶯歌陶瓷與三峽清水祖師廟、老街的民藝風華；新店碧潭泛舟、擺渡、垂釣與水岸自行車道的動靜組合，展現新北穿透時間與空間的無窮魅力。

　　永和、中和的巷道迷宮，最適合悠哉散步，許一個與畫家梁丹丰、設計師蕭青陽、青年作家楊富閔不期而遇的邂逅；或者渡過碧潭、穿過吊橋，走進毫芒雕刻家陳逢顯的小宇宙，抑或闖進鐵木亞沙有如畢卡索的彩繪世界；蘆洲有鄧麗君童年歌聲的回憶線索，而瑞芳有青年吳念真的思緒，九份有侯孝賢改變山城命運的鏡頭……

　　相信我，在這裡總有驚喜在生命中閃爍綻放，真的。

攝影／Richie Chan

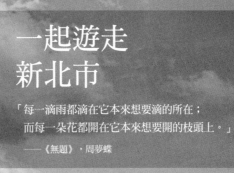

一起遊走
新北市

「每一滴雨都滴在它本來想要滴的所在；
　而每一朵花都開在它本來想要開的枝頭上。」
　　　　　　　　　　──《無題》，周夢蝶

新北市區域地圖導覽

New Taipei City

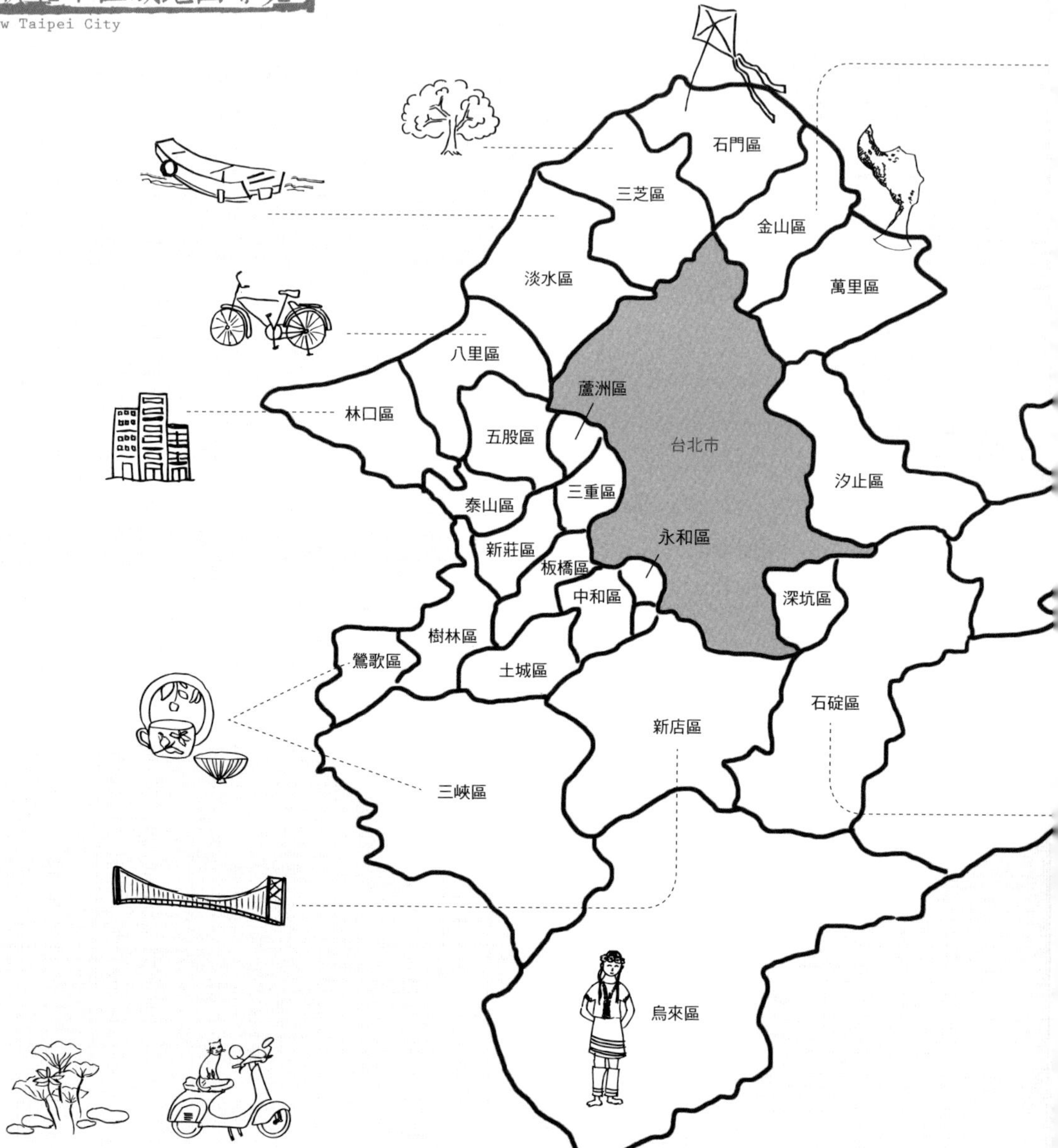
石門區
三芝區
金山區
萬里區
淡水區
八里區
蘆洲區
林口區
五股區
台北市
汐止區
三重區
泰山區
永和區
新莊區
板橋區
中和區
深坑區
樹林區
鶯歌區
土城區
石碇區
新店區
三峽區
烏來區

蘆洲、三重　　中和、永和、板橋

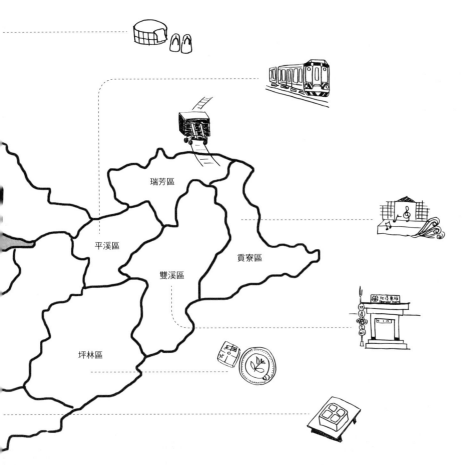

新北市是以台北為圓心的甜甜圈城市，有高度都市化的區域，亦有鄉間風情、自然山河風貌；加以交通發達，火車、捷運、公車、觀光巴士周延，讓旅人在新北市能自在悠遊，忘情入勝。放緩心情，我們跳上搖搖晃晃的火車，尋找隱藏在平溪山間的日式宿舍群、無人火車站；遙望海洋的同時，彎著腰走過九份山城的穿屋巷；在新店渡口，等待擺渡人攜你飄蕩煙波；或者，在淳樸福山里的山林溪水間，與原民孩童歌唱……一點一滴，將新北市之美濃縮成十條路線，帶你樂遊這座充滿活力的繽紛之城。

鐵道
森呼吸

當火車從瑞芳彎入北迴鐵道,第一站猴硐,之後在三貂嶺轉入平溪支線——這條鐵道夾在北部蔥鬱山谷中,是台灣因過去煤礦產業興盛而建造的交通鐵道,至今依然運行;除了接送居民,更是鐵道旅遊最熱門的路線。旅行可從猴硐開始,過去礦業輝煌成果處處可見,煤礦造就了鐵道,也帶動了沿線小鎮的繁榮。現在煤礦產業雖已消失,但這條支線上留下無數煤礦遺跡,有著豐富的景觀及人文,可在無人小站尋找寧靜,也可在熱鬧的老街品嚐古早味小吃,逛逛阿嬤時代的柑仔店、五金雜貨舖,到車站蓋印幸福戳章,或是放天燈寫下今年的祈願……一整天都精采,是鐵道迷最不能錯過的一條支線。

1. 以火車票為概念設計的紀念品。2. 別忘了寄一封明信片給親友,分享旅程中的喜悅。3. 平溪線鐵道有不少可追拍火車的私房點。4. 平溪線上的小站讓人想起台灣過往年代的情景。

交通資訊

前往平溪鐵道沿線景點可購買平溪線一日券,從台北車站搭區間車列車至猴硐,接著轉搭平溪支線列車至各點。也可搭乘台北捷運至捷運木柵站下,轉搭台灣好行木柵平溪線巴士至菁桐坑、平溪老街、十分等地。

Text、Photo_ 李麗文

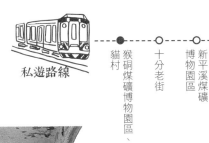

私遊路線

平溪分駐所（天燈派出所）

臺陽礦業公司
平溪招待所

菁桐老街

平溪老街

嶺腳車站

望古車站

新平溪煤礦
博物園區

十分老街

猴硐煤礦博物園區、
貓村

DRC 1029

▶ P.065. A ▶ 猴硐煤礦博物園區、貓村 ‧‧‧‧‧‧ ▶ P.065. B ▶ 十分老街 ‧‧‧‧‧‧‧‧‧‧‧‧‧‧‧‧‧‧‧‧‧‧‧‧‧‧‧‧‧

北迴鐵路的第一站，過去是採煤「瑞三煤礦」的重要基地，礦坑、選煤場、運送站一應俱全，礦業史蹟十分豐富。「猴硐煤礦博物園區」成立於 2010 年 7 月，有如一處戶外公園，原有的礦場辦公室、礦工浴室變身為旅遊資訊站與礦工紀念館、地質館、願景館等，展示過去採礦的歷史文物。在煤礦園區對面山坡的小聚落就是「貓村」，可從車站上方的貓天橋跨越鐵道進入村中，沿路有可愛的貓腳印指引。護坡牆上彩繪著貓村地圖，原是愛貓人士發起的「有貓相隨，猴硐最美」活動，透過攝影愛好者的分享，讓猴硐聚落有了貓村的美名。

址：新北市瑞芳區柴寮路 44 號
電：(02)2497-4143
營：08:00-17:00（展館）
網：tour.tpc.gov.tw/houtong/

十分老街指的是位於十分車站前的一段街道，由於十分車站是平溪鐵道上最大的車站，往返兩地的火車均會在此會車，若留意會發現駕駛也在此交換通行證，這種從日據時代傳承下來的運行制度現已不多見。走在十分老街上，鐵道貫穿了街道與街道並行；另外還有十分跨河的吊橋，現今連接十分

里及南山里的吊橋僅剩靜安吊橋保存良好，由新北市政府維護免費提供給遊客行走，讓人感受一下當時的景況──很難想像過去十分的吊橋多得不勝枚舉，由於大多是私人建造的吊橋，想要過橋還得付費呢。

址：新北市平溪區十分街
電：(02)2495-1510（平溪區公所）
營：全天開放
網：tour.tpc.gov.tw

P.065. C

十分遊客中心

址：平溪區南山里南山坪 136 號
電：(02)2495-8409

　　十分遊客中心是一個十分舒適的旅途中繼站，可在頂樓喝一杯咖啡休息一會，眺望附近的四廣潭吊橋和綠蔭美景。內部除了提供旅遊諮詢及相關資訊，也有多媒體影片介紹平溪區的礦業歷史，可得到多元又豐富的在地經驗。

　　出了遊客中心順著道路前行約 15 分鐘，經過無憂門以後即是十分瀑布，十分瀑布於 2014 年底對外免費開放，是值得一遊的景點。

P.065. D

新平溪煤礦博物園區

址：新北市平溪區新寮里頂寮子路 5 號
電：(02)2495-8680、(02)2495-8252
營：09:30-17:00（每週一及除夕公休）
網：www.taiwancoal.com.tw
票：單一票價 200 元（未滿 4 歲者免費）

　　平溪的煤礦開採一直到 1997 年才停止，可說是台灣採煤礦晚期仍在運行紀錄中榜上有名的礦場，因此保留許多採礦器具及文物，記錄了台灣煤礦重要的史蹟。園區安排定時導覽解說，可跟隨導覽人員認識採煤礦的原貌，體會「黑金」產業是多麼地艱辛與危險！園區也特別設置模擬坑道，完全依照實際比例建造，讓人宛如置身坑道中；此外，千萬別錯過目前還在運行的「獨眼小火車」，這台由運煤礦台車改裝的園區觀光列車，會載著遊客至煤礦轉運站再折返，十分受到鐵道迷青睞。

P.065. E

望古車站

址：新北市平溪區望古里
營：全天開放

　　原名「慶和車站」的望古車站，是平溪支線上的小小招呼站，採岸式月台，每年日平均客量不超過 10 人，十分寧靜祥和。1972 年 7 月因「慶和煤礦」設立，為配合煤礦輸送，以及服務在此工作的員工上下班而設置了車站；現今煤礦雖已關閉，但看看橫跨鐵道上的空橋，依稀可想見過去運煤的盛況。平溪線鐵道沿著基隆河河谷興建，沿途有原始的河谷景觀、壺穴、瀑布，生態資源豐富；若順著望古車站鐵道漫步，過望古橋可至望古瀑布，人煙稀少，因而生態環境較少受到人為破壞，原始而富野趣。

P.065.F ▶ **嶺腳車站** ·······················

P.065.G ▶ **平溪老街** ·······················

嶺腳車站是個無人的招呼站，月台呈現微微的弧形，對鐵道迷來說是取鏡的好場景，這裡也是公視拍攝〈那一年曾做錯的事〉的場景之一，是女主角阿立回家與阿嬤賣菜的地方。穿過車站來到嶺腳老街，這條老街短短百餘公尺，兩側皆是民居，十分安靜；在街上唯一的一家柑仔店轉彎，順著紅磚道可至嶺腳最美的建築「蔡家洋樓」。這棟紅磚洋樓建於 1939 年，當時主人蔡全先生經營臺陽礦業嶺腳分處的永昌煤礦而富甲一方；老洋樓拱型外廊、大陽台與庭園前圍起的低矮石牆，讓人彷彿看見了昔日繁華景象。

知道「平溪」的名稱由來嗎？主要是基隆河流經此地時，因溪流平緩清澈，溪底石頭清晰可見，於是就稱此地為「平溪仔」或「石底」。位於平溪線後段的平溪老街彎曲起伏，尤其火車在往菁桐方向時，在此橫跨三坑溪，高聳的鐵軌橋「三坑溪鐵橋」，就直接穿

越街道上方，形成獨特景觀。平溪老街保留了難得的質樸純真，在此還能找到傳統的五金雜貨舖、柑仔店、小吃店，彷彿回到古早年代，感受那種濃郁的人情味。不少電影廣告來此取景，而鄰近的平溪國中、菁桐國小及十分遊客中心也都是每年國際天燈節的主場地，不少遊客來此放天燈，十分壯觀！

址：新北市平溪區嶺腳里嶺腳街
營：全天開放

址：新北市平溪區平溪街
電：02-2495-1510（平溪區公所）
營：全天開放

址：新北市平溪區菁桐村菁桐街
營：全天開放

········· P.065. H 菁桐老街

為平溪鐵路支線的終點站，建造於 1931 年，是台灣僅存少數木造的小型車站之一，傳統日式建築風貌、灰瓦白牆，吸引不少遊客駐足。

車站旁的「菁桐鐵道故事館」十分引人注目，故事館配合著車站整修成日式風貌，提供各式鐵道紀念品，吸引不少遊客及外國觀光客購買；而外頭刻意放置的老式郵筒，也是旅人最愛拍照留影之處。

另外，位於菁桐車站上方的菁桐煤礦紀念公園，原是石底大斜坑礦場集中地，臺陽礦業在 1935 年石底一坑、二坑、三坑及五坑開鑿煤礦，從大斜坑集中運出，在下方的洗煤場及菁桐車站都是為了煤礦產業而產生。現今礦場敗破，植物大舉入侵，交錯盤雜的樹根成為攝影家眼中最佳的創作素材，也是探索礦業風貌的好去處。

為了活化閒置空間，在菁桐車站旁鐵路局閒置的員工宿舍，被改造為「菁桐礦業生活館」，經過整建後，展現另一種風貌。目前館內展示著平溪區最有代表性的人文景觀介紹，如天燈、煤礦、鐵路等，還有瀑布、壺穴地質導覽，讓遊客深入認識平溪區；館方也不定期展出一些藝文創作，讓這趟旅程多幾分知性！

P.065.I 臺陽礦業公司平溪招待所 ······ P.065.J 平溪分駐所（天燈派出所）··················

出了菁桐老街往菁平橋頭走去，一下坡就會發現一棟雅致的日式建築，就是「臺陽礦業公司平溪招待所」。這棟木造日式建築是臺陽礦業在 1939 年為主管及官員、貴賓所設的俱樂部，占地 600 餘坪，採洋式及和式混合的木造結構建築，主要建材為台灣高級檜木，內部木作與窗櫺、門片等雕琢精緻，極富觀賞價值。招待所是少數保存完整的礦業文化資產，加上遠離喧鬧的馬路邊，在大樹環繞下更顯清幽；這裡也被電影〈KANO〉相中，其中近藤與仕紳籌措經費場景就在這裡拍攝。

址：新北市平溪區菁桐里菁桐街 167 號
電：(02)2495-1822
營：週一 10:00-17:00（每小時免費導覽參觀）
註：為維護館內設施，場內總量管制為 40 人，
　　並限制參觀者年齡須滿 13 歲以上

位於菁桐老街入口旁，也是全台唯一的天燈派出所，於 2014 年 3 月 14 日落成啟用。全名「新北市政府警察局瑞芳分局平溪分駐所」，主體外觀打造成高達 9 公尺、直徑 9 至 12 公尺「天燈球體」，裝有近 20 萬顆 LED 燈，接近傍晚時分開始每半個整點表演 LED 光雕秀，吸引旅人駐足觀賞。天燈分駐所還提供客製化天燈、景觀眺望台、鐵馬驛站的旅遊中心等服務。遊客可購買「波麗士許願天燈」，將願望與祝福寫在波麗士天燈明信片上，再到廣場看著自己的天燈明信片出現在天燈主體，冉冉升空，有別傳統的天燈，十分有趣。

址：新北市平溪區靜安路二段 141 號
電：(02)2495-2358（遊客服務櫃台）
營：波麗士許願天燈燈光秀
　　假日 16:00-20:00、平日 16:00-19:00

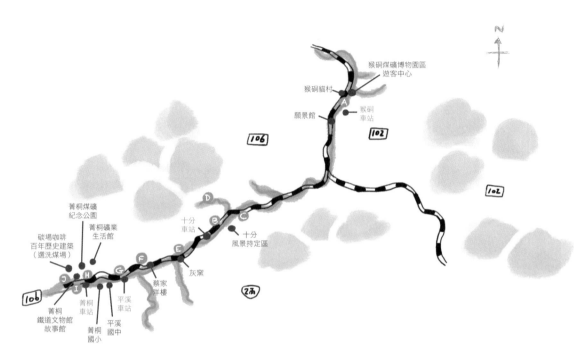

猴硐煤礦博物園區
遊客中心

猴硐貓村

願景館

猴硐
車站

十分
車站

十分
風景持定區

菁桐煤礦
紀念公園

菁桐礦業
生活館

碳場咖啡
百年歷史建築
（選洗煤場）

灰窯

蔡家
洋樓

菁桐
車站

平溪
車站

菁桐
鐵道文物館
故事館

菁桐
國小

平溪
國中

路線一地圖

A. 猴硐煤礦博物園區、貓村　　F. 嶺腳車站

B. 十分老街　　　　　　　　　G. 平溪老街

C. 十分遊客中心　　　　　　　H. 菁桐老街

D. 新平溪煤礦博物園區　　　　I. 臺陽礦業公司平溪招待所

E. 望古車站　　　　　　　　　J. 平溪分駐所（天燈派出所）

交通資訊

於台北車站搭乘台鐵北上區間車，在福隆站或雙溪站下車，車站
附近有單車租賃中心，可騎自行車前往各點。亦可在瑞芳火車站
搭乘台灣好行「黃金福隆線」至福隆遊客中心下車。

祕藏的清境

　　福隆與雙溪是盛夏季節北台灣最受歡迎的旅遊勝地，從綠色溪谷到藍色海洋，串聯了山海，有著豐富的生態與景觀地貌。

　　雙溪係由牡丹溪與平林溪交會而得名，在此雙溪河往東北由福隆注入太平洋，這條豐沛的河流，向來就是東北角海岸重要的水上活動基地，北台灣獨木舟、帆船、風浪板皆在此獲得良好的發展，每到夏日海上總是帆影點點。雙溪河沿線山谷多，河流孕育著兩岸植被，放眼望去皆是一片綠油油的山谷，在酷熱的夏日時分，吸引戲水人潮到訪，遊客可在盛開的野薑花田野中嬉遊這美麗的境地。

1. 每年 5 月至 6 月的福隆國際沙雕藝術季，吸引不少遊客前來玩沙。2. 夏季雙溪的山谷間開滿了野薑花。3. 貢寮國際海洋音樂祭每年七月在福隆海水浴場盛大登場。

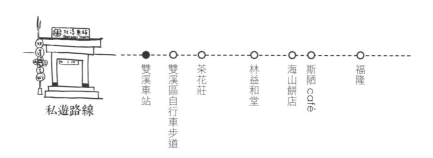

私遊路線

雙溪車站

雙溪區自行車步道

茶花莊

林益和堂

海山餅店

斯陌 café

福隆

P.073. A ▶ 福隆 ································

雙溪河蜿蜒流過東北角山系，在福隆出海形成美麗的沙灘帶，這裡設有跨越雙溪河下游的彩虹橋、龍門吊橋，優美的線條塑造出眾的海岸美景。福隆海水浴場因雙溪河河道變動，將沙灘區分為內外灘，連接兩灘的彩虹橋有時直通外灘，有時因氣候影響而直入海洋。福隆海水浴場擁有最棒的金色沙灘，每年5至6月間有「福隆國際沙雕藝術季」，國際沙雕高手雲集。每年7月的「貢寮國際海洋音樂祭」亦在此舉辦，吸引熱愛音樂者前來狂歡。車站前幾家熱賣便當的老店，常常一開門即售罄，傳統古早味充滿鹹香好味道。

址：新北市貢寮區福隆里福隆街
電：(02)2499-2381（福隆海水浴場）
營：09:00-17:00（福隆海水浴場）
票：全票100元、優待票80元
註：福隆海水浴場10月至翌年5月休業

P.073. B ▶ 牡丹車站 ································

址：新北市雙溪區牡丹里牡丹路159號
營：24H

牡丹車站位於北迴鐵路在進入雙溪車站的前站，小小的車站沒有過多遊客進出，十分寧靜祥和。這裡是鐵道迷不可錯過的特色小站，由於雙溪車站與牡丹車站間有坡度千分之16的陡坡（暱稱牡丹坡），過去因辦理貨運設有折返式軌道，現因業務停止已撤折返軌道及貨物列車留置的站場，但保留呈半月形的岸式月台；此外還有至雙溪站、長達2公里的S彎道，在此可拍攝到火車慢速行駛過彎道的情景，常是鐵道迷取鏡之處。此站也是台鐵少數仍販售名片式車票的車站，假日前往貂山古道健行的遊客皆在此下車，出站即是純樸的牡丹老街，林志穎主演的〈放羊的星星〉，其中一景即是在此拍攝。

P.073. C 雙溪車站 ‧‧‧‧‧‧‧‧‧‧‧‧‧‧‧‧‧‧

P.073. D 斯陌 café ‧‧‧‧‧‧‧‧‧‧‧‧‧‧‧

位於牡丹溪與平林溪交會之地，昔日為淡蘭古道之樞紐亦為水陸交通上的渡船碼頭，造就小鎮繁華盛景。雙溪車站創於 1919 年 10 月，起初名為頂雙溪驛，為木造車站，於 1967 年改名雙溪車站，於 1978 年改建為混泥土結構，自強號、莒光號、區間車皆有停靠。現在來雙溪最夯的遊法是騎單車遊小鎮，結合風景、自然生態、歷史古蹟，多元風貌，讓旅遊雙溪顯得多采多姿！

雙溪小鎮也保留不少古蹟，如舊渡船口、連舉人古厝、林益和堂、莊貢生古厝、石牆屋等，遊走其間思古之幽情油然而生。

在緩慢步調的雙溪山城，難得有咖啡館出現，「斯陌 café」簡潔清爽的門面吸引過往路人的目光，讓人不禁好奇入內瞧瞧。斯陌 café 標榜手沖精選單品咖啡，不妨嘗試喝杯黑咖啡，喝出咖啡原味。此外，咖啡店最有人氣的還有自製手工窯烤天然酵母麵包，口味有咖啡核桃土司、

南瓜核桃全麥麵包、長潭梅子麵包、堅果全麥、羅勒土司……等，老闆還特別製作了柴窯，烤出的麵包微帶焦香。為了靈活運用空間，咖啡館也不時舉辦活動課程，像是咖啡席、茶席等，喜歡參加活動的朋友不妨注意一下臉書訊息。

址：新北市雙溪區新基里朝陽街 1 號
營：24H

址：新北市雙溪區中正路 13 號
電：(02)2493-2119
營：10:00-19:00（週二公休）
網：Facebook 搜尋「斯陌 café」

P.073. E **林益和堂**

址：新北市雙溪區長安街 3 號
電：(02)2493-1333
營：09:00-21:00（每週一、二公休）
網：www.facebook.com/100yearsstore

在往舊渡船口的路上，有間二層樓的西式洋房別具特色，這是創建於 1874 年（清同治十三年）的中藥舖「林益和堂」，至今已超過百年。林益和堂是雙溪第一間中藥舖，除了藥舖歷史，建築本身也很有可看性，樓面鋪陳紅白相間磁磚，二樓有一突出小花台，這是清末最流行的洋樓設計，店內藥櫃則陳列百年青瓷，古色古香，老闆自製的八仙果、中藥橄欖與酸梅湯尤其受遊客歡迎。

P.073. F **海山餅店**

址：新北市雙溪區中華路 2 號
電：(02)2493-1319
營：07:00-21:00

在雙溪區老街上，除了百年老字號連財源餅店，海山餅店也深受當地居民青睞，創辦人林海亮師傅製餅經驗達 50 年，一直堅持傳統口味，目前傳給第二代林偉雄接手。

為了顧及現在人們重視健康養生，將老店轉型為自然有機的食品。堅持用料實在，招牌的點心有咖哩餅、綠豆椪、炸米香、寒天布丁蛋糕、禮餅等，也是來雙溪買伴手禮的好去處。

P.073. G **雙溪打鐵舖**

址：新北市雙溪區中華路 7 號
營：08:00-17:00

傳統打鐵舖大多只能在鄉間小鎮還能找到一絲痕跡，位於雙溪老街上就有這麼一家打鐵舖，傳承至今已逾百年，在當地可說是老字號，居民要的農具、刀具都是往這兒找，每日從打鐵舖傳出敲敲打打的聲響不停歇。

不到十坪的空間，只見老師傅埋頭苦幹，窗口掛滿了鐮刀、鋤頭、菜刀等器具，都是老師傅一手打造，想要了解過去農業社會的景況，不妨來看看打鐵舖。

茶花莊

址：新北市雙溪區平林里梅竹蹊 67 號
電：(02) 2493-2631
營：08:00-17:00（螢火蟲季休息時間延後）

茶花莊從第一代移民至此已傳承十代子孫，園內有從福建老家帶來的茶花，至今已有九百多種茶花品種，每年一到 11 月至翌年 3 月，各式茶花綻放，吸引不少愛花者前來賞花。

園區內闢有生態池、步道，是復育萍蓬草、螢火蟲最佳環境，夏季時分還有滿池的蓮花盛開，園內後方則有溪流流經，設有體驗營，可在溪畔賞魚看洄游魚類躲在石滬的景象。

平林休閒農場

址：新北市雙溪區平林里外平林 35 號
電：(02)2493-4016
營：09:00-18:00
網：www.ping-lingfarm.com.tw

這是一處適合親子同遊的休閒農場，花圃中不時可見蝴蝶飛舞，鳥兒鳴叫，還能在樹間發現獨角仙及甲蟲等，讓人驚喜連連。農場中精心打造農村景致，彩繪牛雕塑、牛車，還有難得一見的龍骨水車，可體驗農夫引水灌溉的苦勞；並設有林間步道，可漫步享受芬多精的洗禮。戶外的野薑花園咖啡屋則是最佳休憩處，可邊喝咖啡邊聞野薑花香。

雅園玻璃咖啡屋

址：新北市雙溪鄉上林村新寮子 13 之 5 號
電：(02) 2493-3988
營：平日 10:30-17:30、週五 10:30-16:00、
　　假日 08:00-19:30

雅園玻璃咖啡屋位於雙柑公路上軟橋段親水公園旁，緊鄰著平林溪，咖啡屋以玻璃與鋼骨架構，目標十分明顯，從遠處即可輕易地找到。從咖啡露天座即可欣賞到潺潺溪流與寬廣的田園，因此不少重機與單車車友，都會選擇在此歇腳，喝杯咖啡或用餐，老闆十分講究咖啡，層層分明的冰拿鐵咖啡不僅好看也好喝，是人氣第一的飲品。

P.073. K. 軟橋段親水公園 ················

P.073. L. 雙溪區自行車步道 ·················

　　軟橋段親水公園位於雙柑公路 18 公里處。公園附近植有大量的野薑花與水生植物，其中野薑花是雙溪的三寶之一，每年 6 至 10 月是其盛開的季節，走往軟橋段親水公園的路上，不時可聞到隨風飄散的花香。

　　位於雙柑公路 18 公里處的軟橋段親水公園，由於緊鄰平林溪畔，溪水清澈，景色優美，以生態工法建置的護堤，降低了剛硬之感，加上園內設有木棧觀景台及步道，供遊客散步其間，也吸引不少自行車車友來此休憩，難怪陳妍希的麥片廣告的場景會選上此處拍攝。

址：新北市雙溪區新寮子（雙柑公路 18K 處）
電：(02)2493-1111（雙溪區公所）
營：全天開放

　　雙溪擁有規劃完善的單車租借與自行車路線規劃，景點標示牌、景點解說、單車地圖等都有清楚標示。位於雙溪車站旁的單車租借站，是由雙溪區公所設置的公共租借站，有一般自行車，也有電動機車出租，給予遊客最大的便利性。沿著自行車步道可欣賞山林田園風光，在古蹟與廟宇間穿梭，優遊自在；

不過汽車道與自行車道並未分開，雖然車輛不多，但騎乘時可別光享受美景而忘了注意來車。

　　若不想走馬看花，不妨參加已舉辦過 5 期的「雙溪雙鐵低碳遊」，以騎乘自行車配合主題活動，行程精采。

址：新北市雙溪區新基村朝陽街
　　（自行車租借站）
網：雙溪雙鐵低碳遊 www.2ctour.com.tw

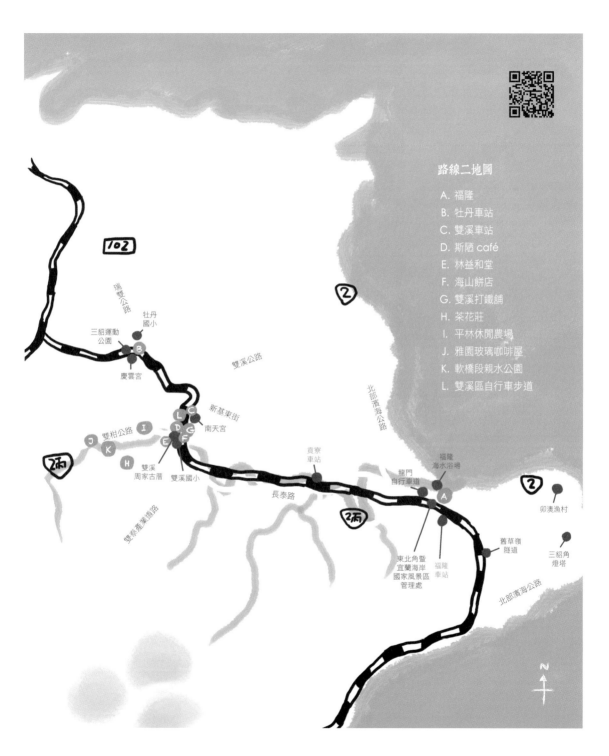

路線二地圖

A. 福隆
B. 牡丹車站
C. 雙溪車站
D. 斯陌 café
E. 林益和堂
F. 海山餅店
G. 雙溪打鐵舖
H. 茶花莊
I. 平林休閒農場
J. 雅園玻璃咖啡屋
K. 軟橋段親水公園
L. 雙溪區自行車步道

102

瑞雙公路

牡丹
國小

三貂運動
公園

慶雲宮

雙溪公路

新基東街

南天宮

雙柑公路

雙溪
周家古厝

雙溪國小

貢寮
車站

長泰路

北部濱海公路

福隆
海水浴場

龍門
自行車道

福隆
車站

東北角暨
宜蘭海岸
國家風景區
管理處

舊草嶺
隧道

卯澳漁村

三貂角
燈塔

北部濱海公路

雙泰產業道路

N

山城礦味

　　「水金九」意指瑞芳轄下的水湳洞、金瓜石與九份，三個地點的第一個字組合起來，就像是台語的「美很久」。水金九的歷史，正如台灣礦業的縮影，充滿了自然奇景與人文風情，是台灣礦業史上美麗的一頁。

　　水金九地區的礦業遺跡，最特別的就是水湳洞的「十三層遺址」，和原本的選礦場造成附近海域呈現金黃與湛藍兩種顏色的「陰陽海」奇景；而金瓜石曾因發現金礦礦脈而成為亞洲淘金勝地，現雖已停採，卻成為清幽的純樸小鎮，令人發思古之幽情；此外，熱門觀光地點──九份，則因多部國片在此拍攝，逐漸在國際上打開知名度。九份特有的山城風景，宛如日本動畫大師宮崎駿的電影〈神隱少女〉場景，特有的古早味吸引國內外旅人來此造訪。

　　水湳洞、金瓜石與九份，除了原本的熱鬧老街外，周遭許多不為人知的靜路小巷，也逐漸成為值得探索的祕境。不妨利用一個整天，找間茶館或咖啡館，細細感受這黃金山城歲月的痕跡。

1&4. 位於金瓜石的黃金博物館依山而建，園區內日式建築是一大亮點。
2&3. 九份知名的山城夜景，獨特風情呈現舊時況味。

攝影 / Luke Yu

私遊路線

瑞芳車站及周邊 — 基山街 — 豎崎路 — 輕便路、穿屋巷 — 黃金博物館 — 四連棟日式宿舍 — 本山五坑 — 太子賓館 — 祈堂老街 — 國際終戰和平紀念園區 — 水湳洞展演藝廊

交通資訊

從台北車站搭乘台鐵東部幹線往蘇澳、花蓮班次，於瑞芳火車站下車。後轉搭「台灣好行－黃金福隆線」或基隆客運788「基隆－深澳坑－金瓜石」線，沿路可抵達以下景點。

瑞芳車站及周邊 ·············· P.081.A

要前往水湳洞、金瓜石、九份這座黃金山城，瑞芳火車站幾乎是所有觀光客的第一站。充滿懷舊風情的瑞芳火車站，早在 1919 年就已成為瑞芳甚至平溪、深澳等地與外界的門戶，也由於其重要的交通樞紐特性，自然而然地發展出美食商圈，尤其是瑞芳火車站正對面的第二市場，成立至今已有 50 餘年，成為地標型美食街，提供最正港的瑞芳與北海岸特有的小吃。市場內各類特色美食應有盡有，像是以吻仔魚熬煮的鹹粥、炸得香酥美味的甜不辣、鮮肥飽滿的蚵仔煎、湯濃肉大塊的牛肉麵、當日港口進貨的新鮮生魚片等，在在讓各地遊客不辭辛勞地來此大快朵頤。

走過地下道，後站則是瑞芳老街，老街上有酸梅湯、芋圓等美食小吃，也有許多滿佈歷史痕跡的老屋，從難掩昔日風華的樓仔厝，可遙想當年街景之盛況。

址：新北市瑞芳區龍潭里明燈路三段 82 號
電：(02)2497-2174
營：服務時間 06:00-24:00

祈堂老街 ·············· P.081.I

祈堂老街在日治時代有「金瓜石的銀座」之稱，每日街道上來往換班的工人絡繹不絕，造就當地的商業繁盛、熱鬧非凡。祈堂老街從黃金博物園區開始，階梯路沿山勢向上延伸興建，另一頭則銜接知名的關聖帝君廟宇——勸濟堂。兩旁看似靜態的民宅，女兒牆或牆面上斑駁的某某「商號」字樣，穿越時空地向遊人呈現這兒曾有的理髮店、雜貨舖、米店、製冰店、布莊、小說出租店、鐘錶店、電器行等，包羅萬象的繁華痕跡，幽幽地說明了這條階梯路曾有的喧鬧擾攘。

祈堂老街還在營業的店家已寥寥無幾，「阿婆的柑仔店」陳列販售各式懷舊的零嘴點心，二樓則是一疊疊曾受年輕學子喜愛的漫畫與小說，成套堆疊在阿嬤的古早味小說店中，成為五六年級生懷舊挖寶的好去處。此外，柑仔店對面的「真心咖啡館」與「古貨宅」，以咖啡香與老古董，靜靜地等候有緣人前來分享記憶。

址：新北市瑞芳區祈堂路

P.081. J 國際終戰和平紀念園區

P.081. K 水湳洞展演藝廊

此區在 1942 年至 1945 年間為日軍的金瓜石戰俘營，當時在戰俘營內最多曾先後關押了 1 千多名二戰時期的外國戰俘，他們在遭日軍監禁時期，便被要求在此協助採礦，由於工作環境甚為嚴苛，讓不少戰俘命喪營區，因此每年「台灣戰俘營紀念協會」都固定在此舉辦追思儀式。

基於歷史文化意義與和平的重大意義，新北市政府已將此地規劃為國際終戰和平紀念公園，並豎立紀念石牆，刻上當時被關在全台各地 4 千多名國外戰俘姓名，供家屬追思，讓原本憂傷與悲戚的戰俘營遺址，成為具有和平紀念意義的景點。

位於水湳洞的台金舊礦廠又被稱為十三層遺址，從山腳下仰望上去，就像是荒廢的古羅馬宮殿，礦山在停採後已失去機能。尤其是水湳洞地區具有陰陽海、水湳洞選煉廠、世界最長的廢棄煙道及黃金瀑布等世界級四大奇景。

正因水湳洞十三層遺址的特殊價值，加上自然景觀的海岸與山景，吸引了眾多藝術家進駐於此，因此將位於舊台電的閒置禮堂改造為展演藝廊，空間設計上同時呈現時代意義與人文情懷，現由「山城美館」藝術家團隊進駐，重新展現水湳洞的文化新風貌。

地：新北市瑞芳區祈堂路 40 號旁
票：免費參觀

址：新北市瑞芳區濂洞里洞頂路 155-8 號
電：(02)2496-1588
營：09:30-17:30（週一公休）
票：免費參觀

▶ P.081. B ▶ 基山街 ·········

100 多家的小店面櫛比鱗次，這裡是九份最繁華的街道，早在「黃金歲月」就是夜夜笙歌、熱鬧非凡的山城商圈；以前最具代表性的三大產業：銀樓、布莊、理髮店，已被芋圓、芋粿、草仔粿取代。寬不到 3 尺的基山街，因店家棚頂相互交疊而不見天日，競發的喧囂、遠近的雜逻，混合遊客討論與小販叫賣的嘈切聲，形成了黃金山城中最繁華的音律。

位於基山街中後段的「九份老麵店」，可說是九份興衰的縮影，創立近 60 年，因礦業興衰崛起與沉寂，又因觀光興盛而再度輝煌，參與了九份的點滴歲月。此外，基山街琳琅滿目的民俗藝品攤、童玩店、古早式雜貨鋪、民宿、茶藝館等，也處處洋溢懷舊風情。

址：新北市瑞芳區基山街

▶ P.081. D ▶ 輕便路、穿屋巷 ·········

輕便路是九份的主要道路之一，在淘金時期可是當地最熱鬧的地區。其名的由來，是因當時在九份到瑞芳間架設有輕便軌道，以利於貨物運輸，便以「輕便」為名。隨著民

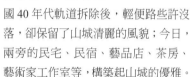

國 40 年代軌道拆除後，輕便路些許沒落，卻保留了山城清麗的風貌；今日，兩旁的民宅、民宿、藝品店、茶房、藝術家工作室等，構築起山城的優雅。

來到這裡，就不能不造訪特有的、連接輕便路與基山街的「穿屋巷」。整個九份山城，幾條主要街道互相平行，雖有豎崎路垂直串連，讓山城道路呈現丰字型結構，但對居民而言，為了更快速地移動，便形成了獨特的「穿屋巷」——有些看似暗無天日，但只要鼓起勇氣，就能在狹窄的穿屋巷中蜿蜒行進，體驗過往生活痕跡，別有情趣。

址：新北市瑞芳區九份輕便路

P.081.C

豎崎路

址：新北市瑞芳區豎崎路

　　要說基山街是九份最繁華的街道，那麼與其垂直的「豎崎路」，則是山城中最具風情的石階小徑。拾級而上，路面雖略帶崎嶇，兩旁卻別有風光，充滿懷舊風情的茶坊、咖啡屋比鄰而建，老屋古道訴說著舊夢。白天遠山近水一覽無遺；到了夜晚一盞盞紅燈籠亮起，雖無千門萬戶的繁華燈火，卻也人流熙攘一派熱鬧。走累了，就找間茶坊歇歇腳吧。

P.081.F

四連棟日式宿舍

址：新北市瑞芳區金瓜石金光路 69 號
電：(02)2496-2800
營：平日 09:30-16:30，假日 09:30-17:30，
　　每月第一個週一公休（遇國定假日照
　　常開放）
票：免費參觀（現場有人數限制）

　　日治時期由「日本鑛業株式會社」所興建，作為高級幹部的宿舍，亦有「社宅」之稱。每棟宿舍皆有獨立的廚房、浴室、廁所、後院等，還有相連共用的小型防空洞。

　　由於偶像劇曾在此取景拍攝，加上其濃厚的日式住家風格，經新北市政府以「修舊如舊」的原則修復，保存建築物原汁原味，並規劃為特展暨教育體驗空間、日治時期恬適的起居空間，及國民政府時期的懷舊居家空間，重現當代風貌與氛圍。

P.081.G

本山五坑

址：新北市瑞芳區金瓜石金光路 8 號
電：(02)2496-2800
營：平日 09:30-16:30，假日 09:30-17:30
　　（閉館前 30 分鐘停止售票）
　　每月第一個週一公休（遇國定假日
　　照常開放）
票：50 元

　　「本山五坑」是本山礦業興盛時期的九座坑道之一，堪稱現今九座礦坑中保存最為完整，包括昔日採金用的壓風機、礦車頭、盥洗間、運礦索道等設施，見證金瓜石礦業百年的歷史。

　　園區將此處設計成「坑道體驗區」，利用蠟像展示當年採礦過程，模擬當時工作情境，遊客入坑程序須按照當時採礦 SOP 流程進行，包括派工卡與參觀守則設計、至坑內解說動線與整體氣氛營造，展開一場別開生面的採礦實境體驗。

▶P.081.E. 黃金博物館 ·····················

　　黃金博物館與周遭景點如太子賓館、本山五坑、神社遺址、四連棟日式宿舍等，在歷史或地理上皆息息相關，因此由新北市政府統一規劃為「黃金博物園區」。此外，位於園區周邊的地質公園、金瓜石神社、茶壺山、戰俘營、黃金瀑布等人文生態地質景觀亦不容錯過，可順道遊訪。

　　黃金博物館不但展示了九份、金瓜石一帶的採礦歷史和相關礦業文物，更提供各種與黃金相關的知識，旅人也能親自觸摸鎮館之寶、重達220公斤的999「大金磚」，在製作鎔鑄上是史無前例，由美國太空總署（NASA）認證的世界最細金絲與最薄金箔，亦是最有人氣的重點展品。

址：新北市瑞芳區金瓜石金光路8號
話：(02)2496-2800
營：平日 09:30-17:00，假日 09:30-18:00，
　　每月第一個週一公休（遇國定假日照常開放）
票：免費參觀

▶P.081.H. 太子賓館 ·····················

　　日治時期，田中礦山株式會社為迎接裕仁皇太子（即後來的昭和天皇）來台考察礦業，便模仿太子在日本的住所，於金瓜石打造了一座行館──即為「太子賓館」。雖然後來皇太子來台視察因故未能成行，但一直未荒廢。後來國民政府來台後，太子賓館便作為先總統蔣介石的臨時行館。其所在位置為現今金瓜石派出所上方約100公尺處，周邊林蔭濃密具有隱密性，且位處高地，視野所及，水湳洞海岸景致盡收眼底。

　　其主體建物屬於典型的日式高級建築樣式，為台灣現存首屈一指的日式木造建築，現為新北市市定古蹟，雖然目前僅開放外部庭園供遊客參觀，但已足以觀察賓館細緻的建築構造，像是窗戶樣式、瓦片設計等，可細細品味其日式細膩的美感。

址：新北市瑞芳區金瓜石金光路8號
　　（位於黃金博物園區內）
話：(02)2496-2800
營：平日 09:30-17:00，假日 09:30-18:00，
　　每月第一個週一公休（遇國定假日照常開放）
票：免費參觀

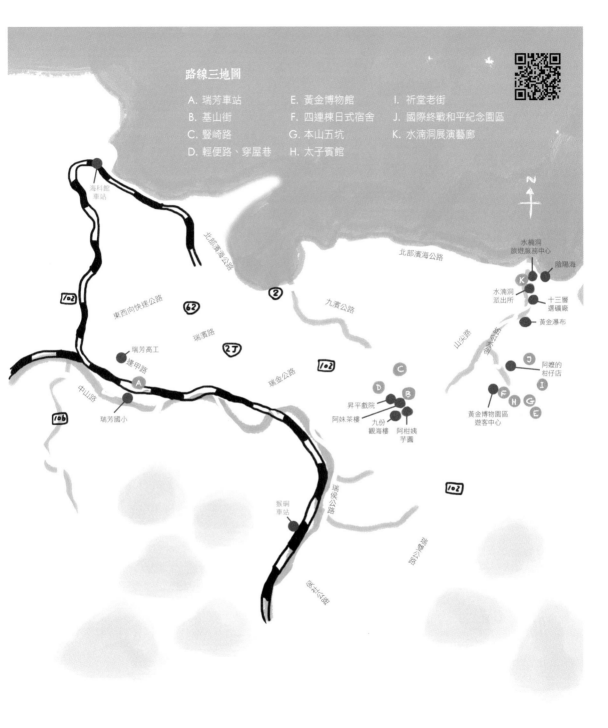

路線三地圖

A. 瑞芳車站
B. 基山街
C. 豎崎路
D. 輕便路、穿屋巷
E. 黃金博物館
F. 四連棟日式宿舍
G. 本山五坑
H. 太子賓館
I. 祈堂老街
J. 國際終戰和平紀念園區
K. 水湳洞展演藝廊

海科館車站
北部濱海公路
東西向快速公路
102
62
瑞濱路
2丁
2
九濱公路
北部濱海公路
水湳洞旅遊服務中心
陰陽海
K
水湳洞派出所
十三層選礦廠
黃金瀑布
山尖路
金水公路
J
阿嬤的柑仔店
I
瑞芳高工
逢甲路
瑞金公路
102
C
D
B
F H G
E
A
中山路
瑞芳國小
昇平戲院
阿妹茶樓
九份觀海樓
阿柑姨芋圓
黃金博物園區遊客中心
猴硐車站
瑞侯公路
瑞雙公路
102
濱公路

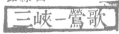

傳藝．欣力

　　離台北都會中心並不遠的三峽、鶯歌小鎮，擁有獨特的產業文化魅力，走一圈不僅能體驗到小鎮熱鬧人情味，也能欣賞到生活與美學結合的美好。不論是搭火車、客運或開車，輕鬆一日遊，讓自己悠閒漫步小鎮中，尋找到自己的樂趣。到鶯歌陶瓷大街挖寶，翻箱倒櫃去尋找自己心目中最美的杯杯碗碗，或是自己動手捏一個獨一無二的器皿，再去充滿藝術氣息的餐廳喝杯下午茶；或者逛逛三峽老街，感受過去三峽繁榮盛景——藍染曾是三峽最興盛的產業，隨著化學工業興起消逝，如今幾處藍染工坊積極推展藍染文化，讓藍染重現風華，看看一塊布從白變藍，花樣變化多端，十分有趣，不妨嘗試看看當個染布人！

1.鶯歌老街上的鶯歌國小外牆貼滿了彩繪磁磚。2.過去的三峽有舟楫之利，靠航運將物產運送至台北。3.三峽是一處融合了宗教、藝術、人文的寶地。

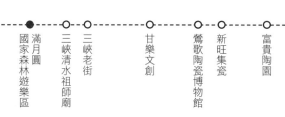

私遊路線

滿月圓國家森林遊樂區　三峽清水祖師廟　三峽老街　甘樂文創　鶯歌陶瓷博物館　新旺集瓷　富貴陶園

Text、Photo_ 李麗文

交通資訊

前往鶯歌可搭火車至鶯歌站下，再步行前往鶯歌各點；或搭台北捷運至
捷運永寧站下，轉搭台北客運「鶯歌－捷運永寧站線」，經土城、頂埔、
橫溪抵三峽（前往三峽在此下車），續行北大社區至鶯歌火車站。

P.089. A&B **鶯歌陶瓷老街、鶯歌陶瓷博物館** ·······························

以陶瓷產業出名的鶯歌，傳承陶瓷藝術文化，昔日陶瓷交易多集中在尖山埔路一帶，因而有了陶瓷老街的美譽，近年老街範圍越來越大，除了尖山埔路外，也將重慶街、陶瓷街納入商圈之中。整條陶瓷老街，從生活陶、仿古瓷、花瓶、餐具、交趾陶、茶具及花器等應有盡有。此外，街上的陶藝坊也多有開設體驗課程，是最受歡迎的體驗活動。

此外，歷時 12 年建造的「鶯歌陶瓷博物館」於 2000 年底開幕，是台灣第一座以陶瓷為主題的專業博物館。除保存陶瓷歷史文化，並定期舉辦陶瓷創作展覽及各式陶瓷主題活動。

陶博館建築外觀採清水模、鋼骨架、玻璃帷幕為主，走入館內，挑高且穿透性的設計令人感覺空間無限延伸，四周低調的色彩更讓主角——陶瓷作品突顯出來；空間大量引入自然光，明亮清爽，整體呈現質樸的美感。館內也規劃陶藝 DIY 活動，讓參觀者體驗製陶工藝的樂趣，由於相當熱門，假日可得提早預訂了！

◆ 鶯歌陶瓷老街
址：新北市鶯歌區尖山埔路
營：視店家營業時間
網：www.emeco.go2tw.net

◆ 鶯歌陶瓷博物館
址：新北市鶯歌區文化路 200 號
電：(02)8677-2727
營：週一～五 09:30-17:00；週六、日 09:30-18:00；每月第一個週一休館
網：www.ceramics.ntpc.gov.tw

三鶯之心空間藝術特區

址：新北市鶯歌區館前路（大漢溪畔）
電：(02)8678-2277
營：24H

三鶯之心位於鶯歌陶瓷博物館前、鄰大漢溪畔，占地 2 公頃，為結合「藝術地景」和「地景藝術」的水岸綠地。在寬廣的綠園裡，最鮮明的地景藝術是以大型手拉坏造景創作〈坯〉，四周則有〈瓷意生活〉、〈走泥〉、〈王者之杖─1804〉等，4 件公共藝術作品充分展現鶯歌陶瓷文化特質。這裡也是新北市河濱線自行車道必經之處，常見親子一同騎車來此遊樂，感受水岸藝術之美。

新旺集瓷

址：新北市鶯歌區尖山埔路 81 號
電：(02)2678-9571
營：週一 13:00-18:00（陶藝教室週一公休）
　　週二～日 10:00-18:00
網：www.shus.com.tw

由位於陶瓷老街上「新旺陶藝廣場」改制的「新旺集瓷」，一間傳承四代的陶瓷工廠，也是鶯歌第一間觀光工廠。從生產磁磚起家，原本傳統的陶瓷工廠在新一代的經營者創新下，於 2010 年創立「新旺集瓷」，透過共享概念發展新品牌。在保留老廠房的架構下，規劃出許新旺陶瓷紀念博物館、新旺集瓷觀光工廠、藝文空間與陶藝教室等，可以看到陶瓷各種創意的展出，來這裡動手 DIY 陶藝，聽聽許家阿公的產業故事吧。

臺華窯概念文化館

址：新北市鶯歌區尖山埔路 16 之 1 號
電：(02)8677-4000
營：09:00-18:00
網：www.thp.com.tw

當看到「臺華窯」精緻的陶瓷作品時，完全讚不絕口！臺華窯於 1983 年創立陶藝研習中心，雖不似老廠歷史久遠，但在窯燒技術、形制創新、釉色研發、彩瓷技藝上領先一步，同時在 1995 年設立「畫家研創室」，與藝術家合作將作品彩繪於陶瓷上，使陶瓷跳脫一般傳統圖紋，充滿吸引力。目前臺華窯依主題在鶯歌鎮上設有 8 館，其他幾館則分設於三峽、三義等地，其中概念文化館著重於將藝術家創作應用於生活器具，如董陽孜書法的馬克杯即是一例。

▶ P.089.F ◀ 富貴陶園

　　位於陶瓷老街商圈的「富貴陶園」，在多年前即以人文藝術餐廳打響名聲。將陶瓷藝術融入美食文化，於各個角落皆有多元化的元素融入陶藝創作中，處處令人驚豔；簡約現代的空間，讓人有種古今交錯的時空感，表達出突破傳統、求新求變的創意。

　　餐廳用餐環境頗具藝術氛圍，加上精心設計的餐具皆以手工陶製作，古樸的器皿襯托出美食的光澤，為視覺饗宴加入不少文化深度。餐廳提供西式套餐，每道都創造出視覺與味覺交錯的新風貌，下午時則供應精緻下午茶飲及茶點。用餐之餘可至一樓藝廊參觀陶藝創作，為心靈補給一番。

址：新北市鶯歌區重慶街 96-98 號
電：(02)2670-5250（人文藝術餐廳）
營：11:00-21:00
網：www.fugui.idv.tw

▶ P.089.G ◀ 三峽老街（三角湧老街）

　　三峽舊名「三角湧」，就是由大漢溪、三峽溪以及橫溪匯聚而產生的名字。晚清的三角湧以熬樟腦、製茶及染布為主要產業，利用河道縱橫的凤富水利，將貨品運

送至全台各地，成為集散中心，市街景像繁榮，老街上的房屋建築都是富商以當時一時之選的建材所建造，在樣貌形式上也多所講究，古希臘式的柱子、古羅馬款的拱門、紅磚牆面上的巴洛克裝飾，加上日治時期與漢文化的影響，中西交織出無窮的魅力。

　　三峽老街目前以民權街、和平街、仁愛街和中山路保存最完整，其實老街的建築早已因時光而傾圮，現在的面貌是經過新北市政府大力重建後，方尋回昔日風華，一排排的巴洛克式的立面牌樓重新立起，回復往日榮景，十分熱鬧。

址：新北市三峽區民權街、和平街、仁愛街

P.089. H

三峽染工坊

址：新北市三峽區中山路 20 巷 3 號
電：(02) 8671-3108
營：10:00-16:00（週一公休）

三峽因河川運輸，交易熱絡，充沛的水源也讓居民利用大菁做染料開起染布店。若仔細瞧過三峽老街的立面牌樓，刻有姓氏或者店號，其中以「染」字最多，可見當年染布業的盛行；直至日治時期染布業被煤礦與林業取代，逐漸沒落。位於歷史文物館旁的「三峽染工坊」，即提供藍染教學，並大力推廣藍染教育，學員們可跟著老師一步步做出美麗的藍染作品，感受昔日三峽藍染產業的艱辛。

P.089. I

甘樂文創

址：新北市三峽區清水街 317 號
電：(02)2671-7090
營：11:00-21:00（週五、六延至 22:00）
網：www.thecan.com.tw

離清水祖師廟不遠處，有間以古厝改造的文創空間「甘樂文創」，由一群熱愛土地的青年，創作一本新北市獨立刊物，以三峽的老房子作為藝文展演空間。面對著溪畔的甘樂文創，有著混搭風的建築體，金屬與玻璃帷幕保護老屋不再受到風雨侵蝕，並把空間擴大利用，結合社區營造、文化活動、飲食藝術等，不僅吸引遊客，也成為居民最愛的休閒去處。

P.089. J

巧的二舖

址：新北市三峽區民權街 137 號
電：(02)2671-1500
營：平日 10:30-18:00，假日 10:00-
　　19:30，週一公休（遇國訂假日
　　照常營業）
網：www.facebook.com/chiaozakka2

走在三峽老街上，忽見一處洋溢著異國鄉村風的商店，這就是「巧的二舖」。雖說是鄉村雜貨舖，卻與四周的環境意外契合，原來店中的商品都是女主人精挑細選的好物，以仿舊的裝飾品與器具居多，琳琅滿目的物品排滿了架上，讓人一入內，雙眼就忙不停。店內不少東西都是獨一無二的裝飾，滿滿的設計創意與美麗圖案，讓人忍不住驚呼「哇」！

▶P.089. K.◀ **三峽清水祖師廟**

址：新北市三峽區長福街 1 號
電：(02)2671-1031
營：04:00-23:00
網：www.longfuyan.org.tw

　　三峽清水祖師廟素有北台灣廟宇「東方藝術殿堂」的讚譽，祖師廟建立於清乾隆 34 年，歷經戰禍，曾毀去大半，後由三峽知名畫家李梅樹先生窮其畢生心力規劃整修。其中東西融合的裝飾風格，處處顯現在廟內每個角落，尤其全廟木雕、石刻全出自名匠之手，華麗非凡，走進廟內抬頭一看，只見雀替、彎拱、屏窗、上檻、斗座之上，處處可見精采絕倫的作品。

▶P.089. L.◀ **三角湧醬菜茶**

址：新北市三峽區長福街 12 號
　　（祖師廟前）
電：(02)2673-1899
營：08:00-19:00

　　位在清水祖師廟前廟埕旁的「三角湧醬菜茶」，古早味的門面整齊堆滿了各種醬菜，讓人不禁好奇張望。店主富貴姐原本從事古董買賣，想起小時候長輩醃製的豆乳，於是在閒暇時自己動手製作，沒想到反應不錯，客人紛紛要求訂製，就這樣做出另一片天。招牌商品有古早味豆腐乳、紅麴豆腐乳、微辣豆腐乳及有機千歲米釀，除了買來自用，作為伴手禮也很實在。

▶P.089. M.◀ **滿月圓國家森林遊樂區**

址：新北市三峽區有木里 174-1 號
電：(02)2672-0004
營：平日 08:00-17:00，假日 07:00-17:00
票：假日全票 100 元、半票 50 元
　　平日全票 80 元、半票 50 元
網：recreation.forest.gov.tw/

　　位於三峽熊空的滿月圓國家森林遊樂區，主要由滿月圓山、熊空南山、北插天山、拉卡山及東眼山所環繞的森林，園區山頭林立、山谷高低落差大，加上蚋仔溪流經，因此擁有不少大小瀑布，處女瀑布、滿月圓瀑布，氣勢有磅礴、有涓細，韻味各有千秋。

　　園區內的健行路線非常多元，可視個人體力與時間選擇，其中最受歡迎的就是瀑布群，在散發高密度負離子的空氣中來一場森林 SPA 吧！

路線四地圖

A. 鶯歌陶瓷老街 E. 臺華窯概念文化館 I. 甘樂文創
B. 鶯歌陶瓷博物館 F. 富貴陶園 J. 巧的二舖
C. 三鶯之心空間藝術特區 G. 三峽老街（三角湧老街） K. 三峽清水祖師廟
D. 新旺集瓷 H. 三峽染工坊 L. 三角湧醬菜茶
M. 滿月圓國家森林遊樂區

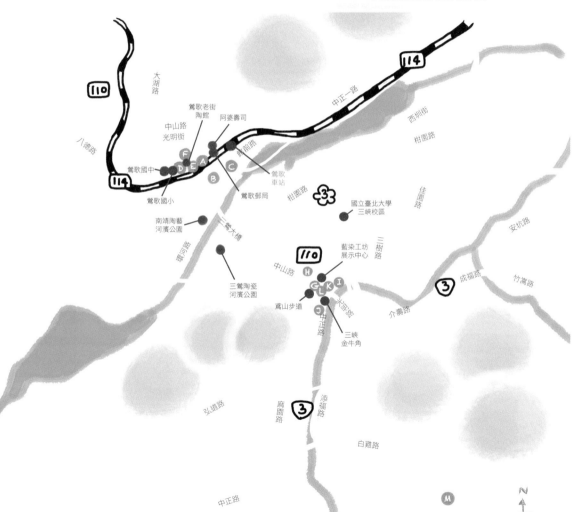

山光染水色

　　深坑、石碇、坪林是過去由台北前往宜蘭必經之處，道路蜿蜒其中，山巒疊翠，雲霧瀰漫，美景引人入勝，是尋幽踏青的好去處。以豆腐聞名的深坑與石碇，有豐富的人文歷史；而以茶葉產地著稱的坪林，更是大台北重要的水源地，沒有受到破壞的生態環境，溪水清澈可見底，近年地方更積極推行低碳旅遊，結合電動汽車、自行車，甚至步行的旅遊行程，十分受到民眾歡迎。山林隨著四季變換風貌，春櫻、夏螢、秋楓、冬雲景致，在這裡湧現，雖沒有豪華的硬體設施，卻擁有大自然的無敵美景！

交通資訊

可搭乘台北捷運至捷運木柵站下，轉搭「台灣好行木柵平溪線」巴士至深坑、雙溪口（轉乘 666 線公車至石碇老街）。前往坪林則搭乘捷運至捷運新店站下，轉搭公車綠 12 或 923 線；至捷運大坪林站下，轉搭 9028 線公車至坪林。

1. 整個坪林區多以「茶」作為意象。2. 深坑位於大台北東南端，有著好山好水的美景。3. 茶鄉桂花農園的桂花料理。4. 石碇的吊腳樓是當地特色建築。

私遊
路線

深坑老街 ● ---- 淡蘭古道 ○ ---- 石碇老街 ○ ---- 茶鄉桂花農園 ○ ---- 坪林茶業博物館 ○ ---- 坪林老街 ○

址：新北市深坑區深坑街
話：(02) 2662-3116（深坑區公所）
營：視各店家營業時間

P.097. A 深坑老街 ··

深坑北鄰台北盆地，在景美溪中游北岸，青山綠水，景色幽美，是往昔台北往返宜蘭必經之處；在未建高速公路之前，不少遊客開車行經此地時都免不了下車到老街走走，吃頓豆腐料理再出發。過去深坑因水運交通發達，加上茶葉、染料等物資豐富，形成物產集散地，在日治時期還在此設立深坑廳，昔日的老街曾發生過大火，燒毀整條街，後改用紅磚建屋，出現「亭仔腳」式的街屋，走到老街中段不妨停下腳步，欣賞閩南街屋；牆上設有自導式解說牌，遊客可由此了解深坑老街的一段歷程。

深坑豆腐遠近馳名，老街上聚集各色餐廳、小吃、藝品、特產店，最熱門的就屬豆腐料理。較具知名度的豆腐美食店有王水成豆腐店、六嬸婆食府、萬吉豆腐美食……等，從燉、煎、炸、蒸、紅燒豆腐烹調方式無所不包，加上周邊各式小點，邊逛邊吃，每個人都吃飽飽才離開。

位於深坑老街口的百年茄苳和樟樹，是本地著名的地標。自深坑大樹下過中正橋，穿過文山路循著阿柔洋產業道路續行 450 公尺，往右叉路來到「石媽祖步道」入口，這條古道極短，步行約 15 分鐘即抵，到終點拜拜媽祖再下山，順便消食一下吧！

在滿是豆腐美食的深坑老街上，常常面對著不知要去哪家用餐的困擾，這時就要靠著口碑、現場的觀察來決定了。位於集順廟對面的萬吉豆腐美食由深坑在地人所經營，將單純的豆腐加入創意，製作成各種美食料理，店中最吸引人的是飄香萬里的臭豆腐，店家特別加以組合豆腐捲、腸旺麻辣臭豆腐、豆腐羹，幾乎人人必點！

飄香萬里臭豆腐！

▶ P.097.B ◀ 萬吉豆腐美食

址：新北市深坑區深坑街 122 號
電：(02) 2662-9036
營：09:00-21:00
網：www.wanjitofu.com.tw

石碇老街中最夯的美食名店就是拱橋附近的「王氏豆腐店」，傳承五代，店家至今依然採用傳統方式製作豆腐。以石碇的清澈水質每日現作豆腐、豆漿，濃郁的豆香不添加任何香精，微帶煙燻焦香，強調天然口味的製品，讓人吃上一口就愛上這般好滋味，有時來晚了，店內豆腐、豆漿售罄，人客就只能下次請早了！

▶ P.097.C ◀ 石碇王氏豆腐

址：新北市石碇區石碇東街 85 號
電：(02)2663-2555、2663-1976
營：平日 10:00-17:00；
　　假日 06:00-18:00（週一、二公休）

在產茶的石碇，桂花向來是茶的配角，但茶鄉桂花農園卻將桂花作為招牌，以各式桂花產品打響名聲。農園早在主人阿公那一代就種茶製茶，並種下大片桂花樹，至今已 70 多年；十多年前為轉型休閒農場，以桂花作為農園主題，提供鮮採桂花來沖泡桂花茶，還有以桂花入菜一道道精緻的創意美食，讓遊客可以賞花外還能品嚐桂花料理的好滋味。

▶ P.097.D ◀ 茶鄉桂花農園

址：新北市石碇區隆盛村新興坑 4 號
電：(02)2663-4011
營：11:00-20:00（週一至 15:00）
網：www.osmanthus.biz

址：新北市石碇區石碇東街、西街
話：(02) 2663-1080（石碇區公所）
營：視各店家營業時間

P.097. E **石碇老街** ··

　　這個位於綠色山谷裡的小鎮，因身為茶業集散地開發得極早，約在道光年間形成小街市，加上是淡蘭古道的交通要衝，帶動了本地的發展。過去因腹地狹小，居民沿著河岸往上堆高築屋，形成特殊的地景「吊腳樓」，其中石碇東街又稱為「內街」，過去商業交易熱絡，街道兩側搭起屋頂，也造就街道「不見天」的景象。

　　石碇老街至今仍保留了百年石屋、打鐵舖、傳統豆腐店等傳統建築與行業。比較特別的有老街上的百年石頭厝，建於 1906 年，數年之後又增建右側的廚房，一樓是中藥舖、二樓為住家的老屋，依山而建，從空間格局上可一窺昔日庶民生活；目前只在週三至週日開放。另外街尾的「遠光打鐵店」至今仍以煤炭爐製作鐵器，師傅傳承長輩的製鐵技術焠鍊出品質極佳的刀具，也見證了石碇過去產業的痕跡。

　　石碇老街的另一端為石碇西街，過去藍染產業與茶葉交易發達，繁華一時，但隨著煤礦、茶業起落，石碇的商業中心才轉至東街。

（圖片由石碇區公所提供）

P.097.F 淡蘭古道

淡蘭古道是清代時連接淡水廳（淡水）與噶瑪蘭廳（宜蘭）兩地的要道，最初路線由八堵轉入基隆，循東北海岸過深澳，再往南越嶺至瑞芳、三貂嶺進入宜蘭，後改從暖暖進入三貂嶺，在北台灣山區先後修築了許多古道。其中文山線東支即是由艋舺經古亭、深坑、石碇、頂雙溪到礁溪街，石碇因而成為途中重要的市街，為石碇老街帶來繁榮。從石碇雙溪口沿著景美溪畔修築的淡蘭古道外垵段，由於北宜高速公路的興建，使得這段古道隱身在高架道路之下，顯得十分奇妙，地方重新整建過淡蘭吊橋與沿線設施，平易近人，廣受民眾喜歡。

（圖片由石碇區公所提供）

址：新北市石碇區雙溪口
電：(02)2663-1080（石碇區公所）
營：全天開放

P.097.G 坪林老街

坪林多為山地，北面有伏獅山區，南面為阿玉山區，北勢溪蜿蜒其中。跨過坪林拱橋與茶業博物館相望的坪林老街則另有一番風情，老街街道不長，市公所旁的這幾棟石砌古厝令人懷想昔日。目前坪林地方積極推行低碳旅遊，以電動汽車、自行車或步行方式遊覽坪林，在青山綠水與茶園的擁抱之下，挖掘坪林的美，為環境盡一己之力。回程時也別忘了帶份茶葉蛋、茶葉年糕、茶葉蛋捲、茶葉牛軋糖伴手禮餽贈親友，讓茶香持續蔓延。

址：新北市坪林區坪林街
電：(02)2665-7251（坪林區公所）
營：視各店家營業時間

P.097.H **坪林茶業博物館** ················

P.097.I **坪林生態園區** ················

坪林、石碇等地是北台灣最重要的產茶所在地,其中坪林區內多丘陵,年平均溫度約 18.4 度,雲霧瀰漫,日夜溫差大,夏季午後常有雷陣雨,適合茶樹生長,大多栽種包種茶,在茶業界素有「南烏龍、北包種」的譽稱。北勢溪畔有一座坪林茶業博物館,展館採閩南安溪風格的四合院建築型態,典雅古樸,展示台灣茶業文化與專業知識,分為茶事、茶史與茶藝為主題,可與日本靜岡、中國杭州茶葉博物館媲美,此外也開闢推廣中心展售館、活動主題館,並規畫休閒茶館,供旅人於此賞景、喝茶。

址:新北市坪林區水德里水聳淒坑 19-1 號
休:每月第一個週一(逢假日順延至次一上班
　　日)、農曆除夕及年初一
網:www.tea.ntpc.gov.tw

位於坪林茶業博物館旁的「坪林生態園區」,占地約有 2.7 公頃,包含了觀光茶園、步道、親子草皮區、景觀台、供奉茶郊媽祖的思源臺……等,花木扶疏,頗適合在參觀坪林茶業博物館之餘,四處走走逛逛,讓綠油油的山林洗禮身心。尤其生態園區內的「茶郊媽祖」是茶商之信仰中心與精神寄託之處,昔日坪林茶商為祈求海上貿易一路平安,特別供奉航海守護神媽祖,目前茶郊媽祖的祈福袋裝的可是坪林出產的包種茶,有「包中」之意,不少民眾特地來此求上一符,希望帶來好運。

址:新北市坪林區水德里水聳淒坑 19-1 號旁
　　(坪林茶業博物館旁)

路線五地圖

A. 深坑老街   F. 淡蘭古道
B. 萬吉豆腐美食   G. 坪林老街
C. 石碇王氏豆腐   H. 坪林茶業博物館
D. 茶鄉桂花農園   I. 坪林生態園區
E. 石碇老街

深坑阿珠碳烤臭豆腐街

南深路

炮蘭古道

滿清水商速公路

雙青公路

北深路

深坑街

文化街

古早厝
豆腐美食料理

頂街天然
串燒臭豆腐

串燒
臭豆腐

廟口阿嬤
碳烤臭豆腐

台灣
甘仔店

平埔街

大樹下
粽子肉粽

中正橋

阿珠
芋圓

平埔街 22 巷

北宜公路

石碇
麵線

陳記
豆腐

頂圓潭

碇平路一段

石碇西街

石碇淡蘭
藝文館

碇平路一段

石碇東街

福寶
飲食店

遠光
打鐵鋪

北47

N

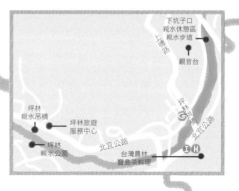

下坑子口
親水休憩區

親水步道

上橋路

觀音台

坪林
親水吊橋

坪林旅遊
服務中心

坪林
親水公園

台灣農林
寶島茶料理

北宜公路

坪林拱橋

北宜公路

098
099

1

2

路線 六
中和─永和─板橋
New Taipei City

1. 博愛街上的藝術焦點──楊三郎美術館。2. 俯瞰活水文創園區水景庭園。3. 板橋 435 藝文特區中正紀念堂。4. 板橋車站大門以綠意紅花與藝術裝置迎接旅人出入。

迷路的樂趣

　　新北市政府所在地板橋區，拔地而起的商廈與古典優雅的林家花園和諧並存，百年前先民進駐的豐美平原、河運興盛的商業中樞，如今已是新北市的政商心臟，閃亮而蓄勢待發，懷抱著傳統神髓，幻化出百變文創風貌奔向未來。

　　永和、中和並稱「雙和」。區內巷弄縱橫、多元種族交糅，彷彿精心規劃的狡黠迷宮，南腔北調與八方滋味，造就豐富多姿的巷弄風情與探訪樂趣，不僅沸騰了街市繁華，更讓雙和變身藝術家偏愛的小宇宙，隱身其間，揮灑出秀麗的水墨與溫暖的油彩，描繪著人生的無奈蒼涼與物換星移，讓這座散發人生百味的迷宮霎時幻化成綺麗迷城，時時刻刻吸引旅人忘情入勝。

交通資訊

前往中永和與板橋可從捷運台北車站出發：搭乘板南線往永寧方向，於板橋站、府中站下車，搭配步行與短程公車即可造訪板橋線諸景點；板南線往南港展覽館方向，在忠孝新生轉乘南勢角線，可以造訪中、永和沿線景點。板橋與中永和間有公車銜接，可在捷運站搭乘。

P.105. A 緬甸街（華新街）‥‥‥‥‥‥‥‥ P.105. B 烘爐地（南山福德宮）‥‥‥‥‥‥‥‥

「緬甸街」華新街原為緬甸華僑匯集地，街上滇緬食肆與雜貨店林立。由於緬甸曾是英屬殖民地，所以華僑仍保有喝早茶、午茶的習慣，緬甸口味的咖啡、紅茶佐椰子涼糕或西米露，別有一番異國況味。現在華新街已發展成「南洋觀光美食街」，滇、緬、越、泰、港、印美食薈萃於斯，每年四月的「潑水節」，吸引南洋僑民與觀光客湧入，一起痛快「濕」身，成為最有異國風味的歡樂節慶。

道地緬甸風味的奶茶！

址：新北市中和區華新街
　　「南洋觀光美食街」
營：視各店家營業時間

台灣瘋求財，管財的土地公特別受民眾歡迎。位於中和區南勢角山路的「烘爐地」──南山福德宮，於清代乾隆初年由漳州呂氏先祖背負香火來台，最初僅由三塊石板供奉，因為福祐地方，現在發展為大型宮廟，躋身台灣三大土地廟之一；每逢初二、十六與週末，上山參拜信眾絡繹不絕。烘爐地特別受業務員與櫃姐信靠，下班後常結伴上山參拜，使得烘爐地愈晚愈熱鬧。

烘爐地亦為台灣小百岳之一，風光秀麗，吸引許多喜愛登山健行的人到此踏青，夜晚的景色更是美不勝收，讓人流連忘返。

址：新北市中和區興南路二段
　　399 巷 160-1 號
電：(02)2942-5277
網：www.hunglodei.org/

P.105. C 私藏不藏私

址：新北市中和區景安路 167 巷 6 號 1 樓
電：(02)8943-3173
營：週二～五 13:00-21:00；
　　假日 10:00-21:00；週一公休

　　尋常社區巷弄，「私藏不藏私」略帶斑駁的天藍色木門，以及鑲嵌著一排玻璃長窗的粉牆，在梅雨紛飛的午後，窗內流洩出暈黃溫暖的燈光，讓女孩的側影別有一番沉靜的閒適。屋內店貓 MONEY 不知躲在哪兒午睡，文青男女或啜飲咖啡，閒聊愛戀；或流連各式西洋雜貨，低聲評價。點一客溫暖的鬆餅，搭配冰涼的鮮奶油、冰淇淋或優格，在拉花咖啡的助興下，私藏這午後的偷閒心情。

P.105. D 韓國街 (中興街)

址：新北市永和區中興街

　　喜愛韓國料理的美食玩家，想辦點辣醬、蝦醬、柚子醬、韓式冬粉和泡麵，必定直達中興街；冬天要給長輩送禮，韓國電毯、人蔘絕對是首選。但你不知道的是為阿嬤添新衫，最佳所在也在此！

　　青年作家楊富閔移居永和時曾寫道：「那些穿在阿嬤身上的基本款，出貨的上游即在中興街上……我在中興街上看見一代台灣阿嬤的樣子，好像都不在乎撞衫。」讓韓國街在哈韓貨之餘，更與阿嬤們有了神祕而親切的聯繫，甚至飄散淡淡鄉愁。

P.105. E 中和公園 活水文化創意園區

址：新北市中和區中安街 85 號 B1
電：(02)2231-8131
網：www.huoshuipark.com/

　　中和公園（原四號公園）彷彿中和區的都會綠肺，市民最愛的散步清境。園內國立台灣圖書館地下樓之活水文化創意園區，集咖啡館、戶外表演與大型會展場地等功能於一體。宛如天井的水景庭園有活水印象咖啡館，提供咖啡與甜點，假日午後戶外舞台有街頭藝人表演，吸引民眾駐足聆賞，每天晚上則有 LIVE BAND 與歌手現場演唱。園區尚有大國際會議廳，以及中型湘雲庭展演廳，提供藝文展演最佳舞台。

P.105. F 小小書房

址：新北市永和區復興街 36 號
電：(02)2923-1925
營：11:30-22:30
網：www.facebook.com/smallbooks

　　在獨立書店還沒有變成顯學之前，小小書店就存在了，而且在永和人最熟悉的菜市場裡。口耳相傳的是那裡經常有講座、讀書會、童書，是熱愛充電成長的教師與上班族常提起的祕密書店。一方隱居菜攤間的書店，讓人間時光悄悄定格，在藝術、文學與音樂間，不論新書或透出前人手澤的二手書，都散發著誘人的魅力。書店設有窗明几淨的咖啡座，適合一個人、一本書、一杯咖啡的美好獨處。

P.105. G 藝術街（博愛街）

址：新北市永和區博愛街

　　博愛街因為 1907 年誕生的畫家楊三郎，註定有不一樣的身世。楊三郎不僅個人繪畫成就蜚聲日法，更成立台陽美術協會積極推動西洋繪畫，讓台灣畫家有機會躍上國際美壇。時至今日，濃蔭依舊的博愛街，串起楊三郎美術館、溫馨的文創小店，以及展示老畫家油畫作品 20 餘幅的金甌女中永和分部華麗圍牆，成為一條藝術翩翩的心靈街道。

P.105. H 板橋 435 藝文特區

址：新北市板橋區中正路 435 號
電：(02)2969-0366
營：戶外 06:00-22:00；館場週一～五
　　09:00-17:00，六、日 09:00-18:00；
　　每月第一個週一、農曆春節、選舉
　　日休館，若週一休館逢國定假日則
　　照常開放，改隔日休館
網：www.435.culture.ntpc.gov.tw/

　　板橋 435 藝文特區原為退輔會軍人轉業及師資訓練中心，1996 年因單位搬遷而沒入荒煙蔓草，直到板橋市公所（台北縣時代）整頓方才開啟今生的藝文風華。園區中宏偉對稱的新古典主義歐式主建築——中正紀念堂，高聳的羅馬多力克柱列與頂端典雅山牆，是新人婚紗外拍首選。兩側與後排樓房規劃成多間展覽室與遊戲體驗區。園區內還有台灣玩具博物館（須購票）、濕地故事館以及可愛裝置藝術出沒的大草坪。

► P.105.I ◄ 板橋車站 ⋯⋯⋯⋯⋯⋯⋯⋯⋯⋯⋯⋯

25 樓高的板橋車站結合台鐵、高鐵與捷運,形成三鐵共構的城市運輸心臟,巧妙運用高反差的色彩設計,讓方正古典的結構有了輕盈趣味。車站大門的美麗拱廊,善用亞熱帶光影創作版畫般地凝視;裝置藝術在花圃的綠意撩撥下,連趕火車都變成流動的藝術行為。踏進車站大廳,連翩的天窗讓匆忙的旅人化身多彩聚散的熱帶魚群。猛抬頭發現頭頂有巨大的紅色氣泡正定格在飛行中,那是藝術家的飛行綺想;而一匹鐵道幻化的沙發馬座椅,讓旅人有股乘馬奔馳的衝動。

透過車站綿密的地下通道,與對望的新北市政府大樓互通聲息,想欣賞板橋車站的祕密美景,必須登上 32 樓的景觀瞭望台,才能窺見她隱藏的美麗唷。

址:新北市板橋區新板橋車站特定區站前路 5 號
網:www.railway.gov.tw/banciao/

► P.105.J ◄ 新北市政府景觀瞭望台 ⋯⋯⋯⋯⋯⋯

登高望遠是人類的慾望之一,所以每個城市都有自己的高樓觀景台。儘管新板特區已經高樓林立,但一座屬於我城的高台仍是必須的,那是一種心境,不是意氣。

直上新北市政府 32 樓,電梯速度不慢,反而突顯了時間與高度的對位關係,偶爾電梯門打開讓你窺見市府某一樓層公務員的工作情景,但多半是安靜的氣流聲在方寸間凝滯。夏日午後的陽光耀眼,板橋天空在高樓的玻璃帷幕間切割,這是大遠百、這是板橋車站,但最令人驚艷的是市立體育場!色彩鮮豔的座位區與競賽場,在陽光下分外搶眼。

高樓林立的新板特區夜景輝煌璀璨,不妨上 33 樓典藏咖啡守株待兔,待華燈初上再來捕捉這城的浪漫夜色。

址:新北市板橋區中山路一段 161 號 32 樓
電:(02)2960-3456#9

P.105. K. **林本源園邸** ·····················

P.105. L. **大觀義學** ·····················

赫赫有名的板橋林家花園就是林本源園邸，雖說名為「林本源」，但並非宅邸主人之名，而是當年林平侯有五子，分掌管旗下五個商號——飲記、水記、本記、思記、源記，並以「本源」為總家號。林家傳到第四代林維源、林維讓不但已是鉅富，更帶動文化教育。主人喜歡以盆景、水池、亭台妝點庭園，院落間以隱密的衢道串連，各院圍牆多裝飾寓意吉祥的花窗，而月洞門則以微微的大小變化，讓庭園產生透視的層次感。最推薦兩大必看佳處：方鑑齋與「橫虹臥月」，十分別緻精巧。而當年主人觀看自家田地樓房的觀稼樓，如今闢為文創商店。

位於林本源園邸旁，當年林家第三代為化解漳泉族群械鬥，把妹妹嫁給泉州舉人莊正，有效促進漳泉和諧。為了子孫永好，林家還找了當地仕紳捐地，成立「大觀書社」，後正名為「大觀義學」，重金敦聘名家擔任西席，廣收漳泉子弟學習詩文，一時之間文風鼎盛。

現在的大觀義學名列國家三級古蹟，集文昌祠、學堂於一身。義學內氣氛寧靜祥和，兩側廂房現為大觀幼稚園，延續林家致力教育、從根做起的精神。時至今日「大觀義學」依然深受重視，新北市每年祭孔大典便在此舉行，考生最愛來此祈求金榜題名。

址：新北市板橋區西門街 9 號
電：(02)2965-3061~3
營：每日 09:00-17:00；每月第一個週一休園，
　　例假日照常開放
網：www.linfamily.ntpc.gov.tw/

址：新北市板橋區西門街路 5 號
電：(02)2968-5028
營：08:00-17:30

新泰路

新海路

中正路

重新路

新北環河快速道路

孝孝橋

中環橋

捷運
江子翠站 ③

好初早餐

華江橋

市民大道

忠孝東路

建國高架道路

和平西路

和平東路

板橋國中

H 新北市立
聯合醫院
板橋院區

中正橋

捷運
頂溪站 G

竹林路

國光國小

環河路

板橋公園

板橋
高中

板信公園

中山國中

114

環河快速道路

新北環河快速道路

F D

中正路

福和橋

111

環河東路

水源快速道路

K L

板橋站前
郵局

J

東西向快速公路

板橋
體育場

106

捷運永安市場站

E

安樂路

國立臺灣圖書館

館前西路

114

介壽公園

民族路

中山路

路․․

路․․

捷運
府中站

L5

③

路三月

64

捷運景安站

C

捷運南勢角站

東西向快速公路

泰緬食材專賣店

金鷹商店

緬甸小吃店

瑞雲南洋口味

A 祥鈺港式茶樓

滇城雲南美食

B

興南路‥段

N

路線六地圖

A. 緬甸街（華新街）

B. 烘爐地（南山福德宮）

C. 私藏不藏私

D. 韓國街（中興街）

E. 中和公園 活水文化創意園區

F. 小小書房

G. 藝術街（博愛街）

H. 板橋 435 藝文特區

I. 板橋車站（捷運板橋站）

J. 新北市政府景觀瞭望台

K. 林本源園邸

L. 大觀義學

安康路

安和路

舒覽
溫泉鄉

　　地處台北盆地南緣的新店與烏來，境內山水秀麗還有氤氳溫泉，300 年來由漢人與泰雅族物物交易的小店仔，發展為都市人與資深文青偏愛的大隱住宅聚落，綻放出自然與人文、粗獷與細膩兼具的迷人場域。

　　旅人來到新店，不妨先到新店文史館探訪此地的前世今生，踏上碧潭吊橋欣賞與潭水相映的小赤壁，到西岸參拜有 200 年歷史的太平宮，回東岸體驗新店渡的擺渡浪漫。午後只要 40 分鐘公車即可抵達烏來風景區，漫步烏來老街、搭台車、賞瀑布、造訪烏來林業生活館、遊客中心泡足湯，春日來訪還有璀璨的山櫻相伴，讓溫泉鄉私旅更添風情。

1. 香火鼎盛的太平宮。2. 陳逢顯毫芒雕刻作品：一粒米上的花鳥畫（陳逢顯提供）。3. 烏來遊客中心門口的足湯引人立馬脫襪體驗。4.「小赤壁」上題寫的「碧潭」是前考試院長孫科的墨寶。

交通資訊

　　從台北車站轉捷運新店線，新店文史館鄰近捷運新店區公所站 2 號出口，碧潭風景區、新店渡、碧潭吊橋等景點可於捷運新店站下車即抵，若前往烏來可於捷運新店站出口右側搭乘 849 路公車；想欣賞毫芒雕刻可在新店站搭乘往「錦繡」（安坑方向）的短程公車。

Text、Photo_ 韓小蒂

私遊路線

新店文史館　碧潭風景區　碧潭吊橋　太平宮　新店渡口　烏來風景區　烏來老街　烏來台車站　烏來林業生活館

P.113.A ▶ 新店文史館 ·······················

　　位於馬公公園內，一踏進館內就像走進時光隧道。跨過拱橋，120 坪展示空間彷彿歲月迴廊，自清代、日治時代到國民政府光復迄今，刻畫著每個區塊的開墾緣起、拓殖風雲以及地名由來，配合一件件蒐羅不易的歷史實物，總計 620 餘件，展示新店地區先民的日常生活、工作，以及食衣住行、商業交易、讀書教育等種種紋理軌跡，令人發思古幽情。

　　隨著時光之河前進，展現現代新店地區的光速發展，以及定居此間的文人墨客與藝術家介紹，令人眼睛一亮。館內展覽分常設展與半年為期更換主題展，現場有導覽志工提供解說。

址：新北市新店區北新路一段 92 號
電：(02)2911-5534
營：週三～日 08:30-17:00；國定假日休館

P.113.B ▶ 景美人權文化園區 ·······················

　　前身為軍法學校、警備總部，1987 年長達 38 年的戒嚴令解除，1992 年警備總部裁撤，2007 年文建會接手成立景美人權文化園區，並於 2011 年成立國際人權博物館籌備處。

　　園區由建築師簡學義設計，以粗獷的清水模、極簡且富穿透性的牆面，構成入口與接待處意象，引導自由人一步步追溯人權束縛綑綁的過往。園區內「第一法庭」保留 1977 年美麗島事件 9 天軍法大審現場，由軍法學校改建的仁愛樓看守所是關押犯人所在，入口有獬豸水池把守，一旦踏入便與社會隔離、喪失自由與個人尊嚴。參觀者得以深刻體驗人身自由限制與人權剝奪的悲哀。

址：新北市新店區復興路 131 號
電：(02)2218-2438
　　導覽預約請撥 (02)8219-2692
營：週二～日 09:00-17:00（週一休館）
　　開館日 10:30、14:30 提供定時導覽
網：www.nhrm.gov.tw/

泰雅族畫家鐵木亞沙，在車禍後遵循祖靈在夢中給他的啟示，從此用質樸自然的畫筆描繪泰雅習俗與生活點滴的鮮豔畫作，摶得「泰雅族的畢卡索」、「烏來的畢卡索」美譽。

工作室另開設燒烤餐飲，展示畫作與彩繪馬克杯之餘，亦適合與好友用餐小酌，以藝術與美食廣結知音。

P.113.C **一串燒烤慢食餐廳**
鐵木亞沙藝術工作室

址：新北市新店區華城路 6-20 號
電：鐵木亞沙 0955-686593
營：14:00-23:00，請電話預約

毫芒雕刻藝術家陳逢顯，最初考進中央印製廠，從事鈔票印製鋼板的雕刻工作，專精於方寸之間，令同僚讚嘆不已，遂於 1981 年投入毫芒雕刻世界迄今。由於毫芒雕刻需深厚的美術根柢、專注力與眼力，一年至多創作 4 件，30 餘年已累積 120 餘件作品。目前館內定期展覽 40 餘件，每 3 個月換展一次，並有磚雕 DIY 體驗課程。

P.113.D **陳逢顯毫芒雕刻館**

址：新北市新店區安康路一段 207 巷 17 號
電：(02)2212-5794
營：週日 10:00-17:00
　　週一～六預約參觀
網：www.miniature.org.tw/

註：作品圖片由陳逢顯毫芒雕刻博物館提供。

坐落碧潭邊大坪頂山腰的太平宮，啟建於清嘉慶 12 年，迄今已有 200 年歷史。供奉主神為開漳聖王，香火鼎盛，每逢農曆年前後與 2 月廟會，信眾湧入熱鬧非凡，堪稱碧潭西岸安坑社區的信仰中心。太平宮雖迭經天災、戰火與蟲蟻破壞，多次改建仍維持閩南宗教建築的基調，正殿莊嚴肅穆，保存有清同治年間的香爐、供桌與木門聯，後殿改建為樓房，但屋頂仍採傳統廟宇建構，更見雄偉。

P.113.E **太平宮**

址：新北市新店區太平里太平路 61 號
電：(02)2211-0081
營：05:00-21:00

P.113.F 新店渡口·····················

P.113.G 碧潭風景區·····················

　　充滿離別象徵的「渡口」，一直是文學作品裡感傷的主題，而「擺渡人」更是在生死離別與世俗隱逸的文化場域裡，扮演重要的象徵。

　　這裡是新店溪流域裡僅存的渡口，當年灣潭、直潭、塗潭及屈尺等地的交通全靠人力擺渡，如今公路四通八達，僅存的新店渡成了文人心靈鄉愁的所在。然而真正按鈴召喚擺渡的盡是外地的仰慕者，300 秒的煙波搖盪只為一圓擺渡的況味。一眼望去盡是全副武裝的釣客，等著碧水裡的魚兒上鉤。或許垂釣者的形象，更適合與擺渡人作伴吧！

址：碧潭風景區新店渡渡口
營：06:00-20:00
價：單趟新臺幣 20 元

　　碧潭，曾出現在詩人余光中的詩作〈碧潭〉裡：「如果碧潭再玻璃些 就可以照見我憂傷的側影」；亦曾出現在林懷民的小說《蟬》中，一則翻船意外牽動救人者的內心翻騰——這是30 多年前屬於碧潭的文學風景。

　　今日碧潭東岸已規劃成優雅的餐飲廊道，西岸也因觀光飯店進駐更顯摩登，兩側水岸修葺成親水空間，往上游溪流曲折處，便是新店渡渡口所在。

　　昔日台灣八景之一的碧潭，如今依舊清澈碧綠如玻璃種的翡翠，吸引戀人們來此一遊。吊橋彼岸的「小赤壁」上，前考試院長孫科題的「碧潭」二字仍鏗鏘仍秀麗仍凝望。

址：新北市新店區碧潭風景區（捷運新店站旁）

址：新北市烏來區忠治里新烏路五段 111 號（烏來區公所）
電：(02)2661-6442

……… P.113.H・ **烏來風景區、烏來老街**

來顆冰溫泉蛋吧！

　　烏來山區植有 15000 株櫻花，不論環山公路旁、瀑布前、台車軌道
畔、纜車沿線，甚至整個溫泉鄉都有櫻花綻放，緋紅櫻、吉野櫻、八
重櫻輪番上陣，造就 1 月到 3 月的春日浪漫。

　　「烏來」乃泰雅族語「Ulay」音譯，是指冒煙的、很燙的熱水，即
透明、無色、無味的弱鹼性碳酸溫泉，對皮膚最是滋潤。烏來溫泉鄉
有山麓與溪灘兩種泉源，老街兩側巷弄與溪谷沿岸湯屋林立，溪畔亦
可享受露天野溪溫泉之樂。

　　老街是遊烏來的起點，旅人津津樂道的美食有冰溫泉蛋、現烤山豬
肉串、多口味烤麻糬、甚至全隻烤乳豬，還有多家原住民美食餐飲店，
而懷舊玩具店、原住民特產與服飾商店也頗能引人駐足。烏來泰雅民
族博物館提供免費參觀，不妨進去了解烏來泰雅族的歷史。

　　穿老街過橋便看到通往台車站的階梯，台車體驗是烏來最有人氣的
節目。終點瀑布站可欣賞氣勢磅礴的烏來瀑布，上雲仙樂園的纜車站
亦在此。

　　喜歡賞鳥的朋友，每年 11 月到翌年 2 月是烏來的賞鳥季節，從音色
婉轉的五色鳥到猛禽大冠鷲都有，值得專程前往探訪。

> P.113. I · **屈尺**

址：新北市新店區屈尺里

屈尺是在新店溪山水間隱現的聚落，屈尺路左轉進櫻花街，梅花湖綻放面前。佇立水岸，左側不遠是燕子湖攔砂壩，壯盛匯入煙波窈窕的梅花湖，而款款湖水在此溫柔迴身，形成美麗的曲溪水袖，讓人惆悵引頸。屈尺有櫻花、水岸與濛濛湖三大自行車道，還有知名景觀餐廳與民宿，是四季輕旅行、微度假的自在之選。

> P.113. J · **烏來林業生活館**

址：新北市烏來區瀑布路 1-2 號
電：(02)2661-6780
營：09:00-17:00
網：www.facebook.com/wulai.localvoice

烏來是以林業起家的聚落，當林業繁華落盡後，只留下奔馳的台車訴說 19 世紀的輝煌前世。

烏來林業生活館依山勢而建，入口大廳展示實體台車、記錄影片與歷史圖片，還有耆老坐鎮導覽，讓您看見、聽見、實際體驗當年伐木興盛的黃金歲月；地下樓層除展示烏來林業史與文物外，還經常舉辦手作 DIY 教學，這兒的觀景平台更是烏來瀑布最佳欣賞點呢！

> P.113. K · **福山里**

址：烏來區福山里李茂岸

雖然距離烏來溫泉鄉僅 18 公里，但福山里無公車可達，須自駕或包車蜿蜒盤山而上至這座世外桃源。

福山里是泰雅族聚居聚落。近年因大導演魏德聖史詩電影〈賽德克 · 巴萊〉來此取景，使得此間美景得以綻放世人眼前。片中飾演中年莫那魯道的林慶台牧師，便是福山里長老教會 2013 年到任的新牧師，他確信這是上帝的召喚，為牧師懸缺已久的福山教會奉獻。

必訪景點首推大羅蘭溪畔的優美步道，濱溪段賞溪水衝激之美，古圳段與清涼水圳並肩漫步非常迷人。李茂岸（泰雅語「聚落」之意）的石造天主堂、迷你而幸福的福山國小都很值得探訪。

路線七地圖

A. 新店文史館
B. 景美人權文化園區
C. 一串燒烤慢食餐廳／
　　鐵木亞沙藝術工作室
D. 陳逢顯毫芒雕刻館
E. 太平宮
F. 新店渡口
G. 碧潭風景區
H. 烏來老街
I. 屈尺
J. 烏來林業生活館
K. 福山里

都會的綠洲

　　我們從原鄉搭乘大帆船在新莊登陸，遇見的第 1 處平原命名為頭前埔，往北走遇見的第 2 處平原喚為二重埔，第 3 處平原就是三重埔，接著出現在眼前的是一片雙溪沖積的沙洲，長滿美麗的蘆葦並有白鷺鷥翩翩翔翔，叫它「鷺洲」（蘆洲）吧！

　　沒錯，這就是先民開墾台北盆地這 3 座城鎮的軌跡與順序。這 3 區最初因水運興起而繁盛，也因河道淤積而沒落；因鐵道修築而再生，再因鐵道轉移復歸悄然……如今則因捷運蘆洲線、迴龍線通車，讓老 3 區身價看漲。現在老三區內還保留大量老地名、老街、老廟與古早味飲食，動輒 3、4 百年的身世，加上新建的大型都會公園與觀光市集，釀就獨特的喜新戀舊氛圍，構成無與倫比的都市微旅行魅力。

Text、Photo_ 韓小蒂

1. 捷運菜寮站 3 號出口的中山藝術公園。2. 幸福水漾公園的綠樹、小溪與滿地野花。
3. 蘆洲李宅保存完好，名列直轄市定古蹟。4. 新莊廟街慈祐宮。5. 新月橋美麗的夜色。

私遊路線

溫室植物園 ● 大臺北都會公園 ○ 蘆洲李宅 ○ 蘆洲切仔麵 ○ 湧蓮寺 ○ 碧華布街 ○ 中山藝術公園 ○ 慈祐宮 ○ 新莊廟街 ○ 潮江寺 ○ 新月橋 ○

交通資訊

前往三重、蘆洲、新莊沿線景點，可自台北車站搭乘板
南線至捷運忠孝新生站，換乘蘆洲線往三重、蘆洲，或
迴龍線往新莊，2 線以「大橋頭站」為轉乘點。各景點
均在捷運站沿線，搭配步行或短程公車即抵。

（圖片由高灘地工程管理處提供）

址：新北市新北大橋至成蘆大橋
電：(02)8969-9596
網：www.tmp.ntpc.gov.tw/

P.121. A 大臺北都會公園

　　淡水河是台北盆地的母親河，但由於潮汐變化大加上颱風帶來的豐沛雨量，常釀成水災，地勢低窪的蘆洲早年常為水患所苦，不少良田甚至為此廢耕。二重疏洪道完工後，不僅水患問題得以解決，負責管理高灘地的高灘處打破傳統思維，在功能性、安全性的前提下，運用創意讓大臺北都會公園走進了你我的生活。

　　大臺北都會公園融生態、濕地、綠帶、花園、藝術、市集、運動場、24 公里環狀單車道與水上活動於一身，甚至還有狗狗運動場；一個接一個的主題公園，成為綿延達 7.7 公里、佔地廣達 424 公頃的綠水天堂。

　　園區分為 3 大區塊：「蘆洲微風園區」以微風運河為水上活動基地，是極限運動與鐵人三項的絕佳競技場地，還有最受市民喜愛的狗狗運動場，並設有單車租借站。「三重水漾園區」鄰近捷運三重站，越過堤防就是最美的幸福水漾公園；沿著單車道往前，有親水廣場、荷花廣場以及中央棒球場等，讓全家身心一起健健美。「五股生態園區」則以濕地生態為主，極富環保教育意義。園區內的忠孝碼頭亦有水上巴士可搭乘，可由水路達華江碼頭及大稻埕碼頭，徜徉淡水河水岸美景。

.... P.121.B

重新橋觀光市集

址：新北市三重區疏洪十六路（重新橋下）
電：(02)2974-8767
營：週一～五 06:00-13:00；例假日
　　06:00-15:00（每月雙週之週一公休）

　　重新橋觀光市集每天清晨以「朝市」之姿，迎接晨起運動的長輩前來買菜，之後各路攤商紛紛擺開陣勢，舉凡二手皮包、鞋子、手錶、電動工具、五金雜貨、戶外活動器材、手機充電器，甚至筆電、手機等應有盡有，迎接淘寶行家湧入。別擔心小狗走丟、口渴沒咖啡、內急沒廁所、餓了沒關東煮，市集入口處有服務台、市集內有便利店特別設點，還有美食街等級的美食區，讓人嘆為觀止。

P.121.C

碧華布街

址：新北市三重區碧華街

　　不同於迪化街永樂市場，碧華布街比較像布料批發街，有如布廠清庫存的快速通路，因此店裡零裝潢，盡是一捲捲如電線桿般的布匹橫陳堆疊到天花板。很多店家二樓都有直接外開的門、樓頂還裝置滑輪，方便大量布匹卸貨。

　　全民瘋文創的年代，碧華布街成為文青、手作族、設計師的玩美基地，可以找到各種各樣的布料，還有相關的配件、工具，通通一應俱全。只要有點子，歡迎來這兒尋找夢想的元素，一起動手吧！

蘆洲切仔麵

　　你聽過「南擔仔，北切仔」嗎？沒錯，南部是擔仔麵的天下，但北部就是切仔麵稱王了。北部切仔麵以蘆洲地區最有名，一碗用銅板即可解決的美味切仔麵，份量十足，麵條 Q 韌有勁，湯頭溫和鮮美，搭配最出名的鯊魚煙——肉質柔嫩，沾芥末醬油搭薑絲，鮮嫩辛嗆，夠味！這就是最道地的蘆洲在地美食體驗。

中山藝術公園

址：新北市三重區重新路三段

中山藝術公園位於捷運新蘆線菜寮站的3號出口，宛如都市巨廈叢林中的一方綠洲。園內花木扶疏，每片綠意都有一座藝術雕塑作品現身：「律動三重」以白色的流暢線條舞動城市流光；「造福三重」以古典的福獅高踞台座，姿態生動逗趣；「鼎藝三重」氣勢非凡，頗有沖天之勢。不過最有人氣的還是由三芝請來的百年茄苳，枝繁葉茂，為這方公園帶來鄉間閒坐大樹下的想像空間。

溫室植物園

址：新北市三重區集美街60號
電：(02)2986-2345
營：09:00-12:00（午休12:00-13:00）
　　13:00-18:00，週一、六上午休館

三重社教館後方公園有一座美麗的溫室植物園，是這城最浪漫的隱藏版花園。公園廣場上的崗石鋪面漂亮細緻，與溫室植物園的窈窕身影相烘托，有了身處歐陸的綺麗想像。

溫室植物園為白色八角型溫室建築，白色鑄鐵雕花鐵門散發濃濃英式浪漫氛圍，玻璃花窗醞釀一室溫暖，讓珍奇的熱帶花草盡情綻放。園內不時舉辦藝文活動，但更多的是幸福新人來此外拍婚紗，留下永浴伊甸園般的美妙影像。

米市巷

址：新北市新莊區新莊路387巷

米市巷隱身在新莊廟街夜市裡，儘管已經不見當年舊貌，但牆上的導覽牌證明這條巷子當年有多夯！這個從新莊路通往河邊的小巷，昔日大型糧食批發商都聚居在此，每當大船載米糧來時，成群的工人就忙著從慈祐宮前的碼頭，把米包扛到米市巷，長長的米包隊伍聲勢驚人，更展現雄厚的經濟實力。爾後河道淤積，繁華終於到頭，米包大隊消失，米市巷也成了尋常人家的後巷了。

P.121. G 潮江寺

址：新北市新莊區碧江街47號
　　（米市巷底江邊）

位於廟街（新莊路）米市巷另一頭的潮江寺，已有近300年的歷史。新莊因水運便利，且地勢平坦利於耕作，因此發展快速，航運、商業與農業都興旺繁盛，同時也引起盜匪覬覦；再加上人口迅速增長又引發時疫流行，讓地方人士焦頭爛額。這時有人在港口發現形似觀音的石頭，遂請雕刻匠粗雕修飾，供奉在扛米包工人的寮房，從此地方平靜。這就是潮江寺的濫觴。

P.121. H 新月橋

址：板橋端／新北市板橋區環河道路
　　新莊端／新北市新莊區碧江街與
　　武前街交叉口
營：24 小時

橫跨大漢溪的新月橋，是以景點規格起造的大橋，一端在新莊廟街附近，一端在板橋435藝文特區附近，連接新莊與板橋兩個區域。白日悠遊人工濕地，欣賞新月橋的白晝英姿；傍晚時分，橋上四座特色觀景平台——曲之藝、光之影、水之舞及風之律，輔以透明的天空步道，不僅可遠眺夕陽、仰觀星子，還可俯瞰水之舞台；夜幕低垂，光雕甦醒，以光為畫筆彩繪出華麗的弧線，倒影如夢，映在旅人眼中，加倍繽紛。

P.121. I 新莊廟街

址：新北市新莊區新莊路

新莊廟街夜市位在新莊路，是條有歷史的街道，與新莊的興衰盛敗同聲共息。新莊於清代康熙年間興起，乾嘉年間盛極一時，廟街正是商船上下貨的主要街道，直到嘉慶中葉因河道淤積才讓位給艋舺；光緒時因鐵道興建重振，但日治時期將鐵道轉移至板橋。此後新莊商業區域轉移到鐵道拆除後鋪設的中正路、新泰路。繁華落盡，廟街彷彿定格在當年繁華裡，以老街、夜市姿態繼續另類喧譁。新莊廟街上有多個百年古蹟、老寺廟，值得懷舊探索。

P.121. J **湧蓮寺**

址：新北市蘆洲區得勝街 96 號
電：(02)2281-8642
網：temple.lujou.com.tw/

湧蓮寺建於清同治 11 年（1872 年），現址據說位在「蓮花穴」上，因而得名。由於寺裡供奉的觀音菩薩十分靈驗，信徒眾多，是當地民間信仰中心之一，亦是最負盛名的大型寺院。「湧蓮寺」最為人稱道的神蹟，就是二次世界大戰期間，與萬華龍山寺觀音同時顯靈，將美軍炸彈移開，讓蘆洲百姓躲過轟炸大難。時至今日，湧蓮寺依然香火鼎盛，周邊更發展成廟口形象商圈，成為知名景點。

P.121. K **慈祐宮**

址：新北市新莊區新莊路 218 號
電：(02)2276-9370
網：www.sjtyg.com

國家三級古蹟慈祐宮，是新莊著名的沿河三廟中最早建立者，因供奉媽祖故又稱「天后宮」，是新莊最古老的廟宇之一；乾隆年間因遭祝融而重修，才改稱「慈祐宮」。此後逢颱風肆虐，於乾隆 42 年再次整建，當時新莊已十分富庶，特聘當代的厲害工匠精雕細琢，盡顯當代風華。

新莊最繁華的廟街，就是指慈祐宮前的新莊路，當時因水運碼頭興盛而繁華。時至今日仍留有不少古蹟、古厝，供後人追索那曾經來過的千帆盛世。

P.121. L **蘆洲李宅**

址：新北市蘆洲區中正路 243 巷 19 號
電：(02)2283-8896
營：週二～日 09:00-17:00，16:30 停止售
　　票。週一與除夕公休，假日開放
網：www.luchoulee.org.tw

直轄市定古蹟「蘆洲李宅」（李友邦將軍紀念館），是一組保存完整的四合院建築，而且連宅邸前的碧草地、牆邊一長排茂密的欒樹，以及生機蓬勃的風水池，都保留當年的模樣，與周邊拔地而起的住宅大樓形成強烈對比。李家大宅能夠歷經百年無損風貌，不得不歸功於李家來台第二代、精通五術的濯夫公，以及李友邦將軍的夫人嚴秀峰女士；前者把宅邸建成好風水，後者為宅邸成立基金會，盡心維護保存，讓蘆洲李宅始終挺立於蘆洲人的記憶裡。

路線八地圖

A. 大臺北都會公園   E. 溫室植物園   I. 新莊廟街

B. 重新橋觀光市集   F. 米市巷   J. 湧蓮寺

C. 碧華布街   G. 潮江寺   K. 慈祐宮

D. 中山藝術公園   H. 新月橋   L. 蘆洲李宅

私遊路線

1. 位於真理大學內的「牛津學堂」目前為二級古蹟。2. 知名的「小白宮」，是婚紗攝影熱門勝地。3. 搭乘渡輪往返淡水、八里，山水風光盡收眼底。4. 充滿異國情調的馬偕街，適合尋幽訪古。

河岸暮色

　　淡水舊名「滬尾」，是一個充滿歷史的小鎮，也是台灣北部最早開發的海港口，曾因商旅船舶往來而讓市鎮熱絡不已，現雖已變為觀光小鎮，但走在淡水街上，一座座洋式百年舊建築，彷彿都在訴說著小鎮的悠悠往事。台灣很多地方都可以看到日式老房子，但淡水的特色之處就是在日式與閩式以外，多了更多歐式洋樓，證明了西班牙與荷蘭人曾在這裡留下的痕跡。

　　徒步或單車在淡水小鎮巷弄間徐行，是最適合這個小鎮的悠遊方式。此外，還可搭乘渡輪往返淡水、八里，不但能盡收淡水河風光，還能進一步領略河左岸的八里風情。

　　在淡水，無論是遊河岸、觀山景、訪古蹟、嚐美食，百年不變的古老遊趣，加上捷運的便利，讓現在的淡水小鎮，魅力更勝以往。

交通資訊

捷運：搭乘捷運淡水線至終點「淡水捷運站」。
公車：指南客運紅 26 路、836 路，及三重客運 ─ 淡海 ─ 板橋線等皆可到達淡水。

▶ P.131.A ▸ 淡水河岸咖啡 ·················

　　位於捷運站不遠的淡水文化園區裡，藏著一座淡水河岸藝文沙龍——淡水河岸咖啡，園區前身為殼牌百年倉庫，有著百年歷史，目前是新北市定古蹟。現經營者將其打造為結合藝術展覽、精品咖啡、文創商品的複合式空間，讓追求寧靜的朋友也能有桃花源來暫避俗事。以手沖咖啡為主的淡水河岸咖啡，咖啡豆都是老闆親手烘焙，在每一杯咖啡裡都能感受到豆子原有的香味與特色。除了享受香醇的咖啡饗宴，在此還可盡情享受大自然的環抱，河岸美景就在眼前，遠離老街的人聲鼎沸，度過愜意好時光！

址：新北市淡水區鼻頭街 22 號
電：(02)2626-9611
營：平日 12:00-21:00
　　假日 10:00-21:00

▶ P.131.B ▸ 重建街 ·················

　　已有 230 年歷史的重建街是淡水最早發展的古市街，曾是淡水人氣最旺、交易最熱絡的市街，見證了淡水山城河港的歷史榮光。短短數百公尺，在淡水的產業發展史上佔有極重要的地位。

　　在歷史中逐漸沒落的重建街，中段已於 2010 年遭拆除，但前段精華區被保留了下來。在地志工團體為了守護老街，於 2009 年起開辦「重建街創意市集」，也是全台唯一的階梯市集。市集舉辦日，邀請傑出街頭藝人、表演團體現場演唱等活動，希望以文創、音樂、美食、美景等元素，致力於老街活化，讓更多人認識真正的淡水老街，體驗河港山城、紅磚窄巷的老城區之美。

址：新北市淡水區重建街
營：每月第二個週六、日下午舉辦市集

P.131. C **馬偕街**

址：新北市淡水區馬偕街
營：全年開放

　清同治末年，來自加拿大的傳教士馬偕博士來台宣教，入住當時的龍目井街（現馬偕街24號），後因宣教工作發展需要，在馬偕街再建醫療中心、禮拜堂與教士宿舍等，一生在淡水奉獻終老，對淡水甚至北台灣的歷史文化影響甚鉅。由於淡水港埠發展，當時的馬偕街不僅具東西文化交流之人文特色，街景與建築也充滿異國風情，成了淡水最具浪漫情境的小街徑。

P.131. D **淡水關稅務司官邸**

址：新北市淡水區真理街15號
電：(02)2628-2865
營：週一～五 09:30-17:00；週六、日 09:30-18:00（每月第一個週一休館）
網：www.tshs.tpc.gov.tw

　一般人稱「小白宮」的美麗建築，其實是清領時期的「淡水關稅務司官邸」，1862年淡水開港通商後關務繁雜，稅務司便在埔頂興建3座豪宅供海關人員居住，當地人稱其為「埔頂三塊厝」。

　小白宮的建築為西班牙白堊迴廊式建築，建築外設有走廊，將維多利亞時代的紅磚鄉村建築，與印度熱帶建築拱廊結合創造出一種新樣式。現為新北市定古蹟，內部已規劃為藝文展覽空間。園區建築與風景皆美，亦是許多新人拍攝婚紗照的首選之地。

P.131. E **紅毛城**

址：新北市淡水區中正路28巷1號
電：(02)2623-1001
營：室內展場：週一～五 09:30-17:00；週六、日 09:30-18:00。戶外區：4月至10月延長開放時間至22:00
休：每月第一個週一休館

　17世紀由西班牙人所建造，後荷蘭人趕走西班牙人，便重建並改名為「聖安東尼堡」。當時的平埔族人多稱這些歐洲人為紅毛番，紅毛城之名從此而來。清末英法聯軍之役後，英國人租借作為領事館使用，爾後歷經波折，最終在1980年正式收歸台灣國有。紅毛城建築風格華美，內部牆上掛置歷史圖片，與傢具擺設一併展出，遊客可感受歷史時光之變遷。不只認識古蹟保存區的歷史，更可了解早期台灣對外關係。

位於真理大學校區內的大禮拜堂建於 1882 年，最多可容納 1500 人。為了突顯基督教教義風格，在建築元素上重複使用象徵「虛心祈禱的手」的尖拱造型，無論在主體建築、窗戶和大門，皆塑造出建築的獨特風格。此外，大禮拜堂內設有由荷蘭管風琴廠佩爾斯（PELS & VAN LEEUWEN）以手工製造的巨型管風琴，是台灣最高兼為首台設有 32 呎音管的管風琴，其外型為配合禮拜堂的建築式樣而採用歌德式設計；內部則以古傳統設計為基礎以配合空間建造。在音色的設計採用荷蘭 19 世紀傳統音色，柔和溫暖、悅耳有力，與大禮拜堂同為真理大學校園中的特色之一。

址：新北市淡水區真理街 32 號
電：(02)2621-2121
票：外部自由參觀，內部則須配合禮拜堂
　　開放時間或事先申請

由牧師吳威廉設計，建於 1909 年的男傳教士宿舍，俗稱「牧師樓」，與當時作為女傳教士宿舍的「姑娘樓」並列，為三面迴廊的洋樓，紅磚外觀、斜屋頂、迴廊及高台階等處處展現殖民時期懷舊風情。樓外打造為古蹟庭園咖啡館，提供咖啡、輕食及特色餐飲，是適合觀賞落日的私房景點。

而擁有 137 年歷史的「教士會館」由馬偕博士親自設計監造，為西班牙式建築，以唭哩岸砂岩為壁材建築，正門及外迴廊均設「白堊壺門走廊」，造型優雅。現為真理大學觀光科系的「實習餐廳」，提供餐飲、文化導覽、藝文空間等服務。

◆ 牧師樓
址：新北市淡水區真理街 32 號
電：(02)2628-1212
營：週二～四、日 10:00-19:00
　　週五、六 10:00-21:00（每週一公休）

◆ 教士會館
址：新北市淡水區真理街 32 號
電：(02)2621-2121#5301
營：週二～五 10:00-17:00
　　週六、日 10:00-18:00

P.131.I 一滴水紀念館

P.131.J 滬尾炮台

　　為日本已故文豪水上勉的父親——水上覺治，於大正 4 年（1915）在日本福井縣所蓋的日式木造古屋，之所以遠從日本搬遷到台灣，乃因日本阪神及台灣 921 二個大地震所連結的台日情誼，於 2009 年完成搬遷。為紀念原起造者一生承襲「滴水」禪師的禪宗思想，及感謝移築過程中的苦力群志工，故名為「一滴水紀念館」。這棟歷史悠久的古民家建築，共由 600 多根樑柱搭建而成，卻未使用一根釘子，使用超過 20 多種的榫頭銜接方式組裝，展現登峰造極的木造建築文化。園區有枯山水廣場，風格清雅。

　　建於清光緒 12 年的滬尾砲台，被列為國家二級古蹟，所在地坐擁大片草坪，視野開闊，目前規劃為休閒公園。南側為草坪區，有上下兩處草坪，各有一條平緩的步道，適合在此悠遊散步。公園另一區則是植物解說區，以樹林為主，林間有棧道及砲台遺跡。

　　滬尾砲台橫匾上的「北門鎖鑰」四字，是由台灣巡撫劉銘傳所題，砲台為當時鎮守北台灣的重要關卡。有內外兩道城牆，內層陳列淡水過往的歷史紀錄、相片、砲台故事等，展示彌足珍貴的史料；外層則設有砲台數座，可鳥瞰淡水河，景色極美。

址：新北市淡水區中正路一段 6 巷 30 號（和平公園內）
電：(02)2626-3350
營：平日 09:00-16:30，假日 09:00-17:30
　　（週一休館）
票：免費參觀

址：新北市淡水區中正路一段 6 巷 34 號
電：(02)2629-5390
營：09:30-17:00；週六、日 09:30-18:00
　　（每月第一個週一休館）
票：免費

P.131.K 漁人碼頭 ·······················

P.131.M 八里老街 ·······················

原本只是淡水第二漁港，現為一個兼具遊憩功能的港區公園。最大特色在於它是一座浮動碼頭，有別於傳統結構的固定碼頭，可隨海水漲退潮而上下浮動。此外沿防波堤架高舖設的原木棧道，長約 320 公尺，是眺望海景與落日的最佳場地。至於最大地標，則是橫跨港區、白色風帆造型的人行跨海大橋，連接木棧道與觀光漁市。呈現與白天截然不同的浪漫情調。每到黃昏時分，許多情侶在此欣賞夕陽餘暉，看著太陽緩緩落入水平面，天空多層次的顏色變化，美不勝收，令人流連忘返。入夜後橋身還會變換五彩燈光，成為濱海夜空的亮點。

址：新北市淡水區沙崙里觀海路 199 號
電：(02)2805-8476
營：全年開放
票：免費

一般人可能不知道，其實八里開港時間比淡水還早，雖然規模較小，但當年的商業繁盛毫不遜色。由於進出港口的人多，逐漸在港邊形成了一個市集，街邊販賣著各式各樣新鮮漁獲，其中最有名的就是孔雀蛤，也成為八里的海鮮餐廳的必吃料理之一。

琳琅滿目的小吃讓八里更有魅力，無論是雙胞胎、蝦捲、鹹蛋、炸花枝丸……在此都可大快朵頤。現在的八里老街在改造工程後，面貌已大為不同，紅瓦白牆的小店家則體現台灣農村風情。近年更擴建腳踏車道、人行木棧道……等設施，吸引越來越多的遊客來此造訪。

址：新北市八里區渡船頭街
營：依各店家決定

址：新北市八里區觀海大道 36 號
營：全日開放
票：免費參觀

P.131.L ## 八里左岸公園、挖子尾生態保護區

　　位於淡水河畔，是八里左岸經過重整後，還原了自然美景與人文特色，是一座具備觀光與休閒特色的綜合性公園，讓遊客可以近距離與大自然互動，還可以在沙灘上漫步，或挖蛤仔，玩水堆沙等。公園內還設有左岸碼頭、左岸會館、新北市公共自行車租借處等設施。位於公園內的「老榕碉堡」，原本隸屬於陸軍的八里渡船頭軍營，因新北市政府為了塑造八里左岸風光而向軍方借用，打造為可愛醒目且帶有迷彩圖騰的藝文小站。

　　左岸公園正好位於八里左岸自行車道上，自行車道全長約 15 公里，從觀音坑溪口，途經關渡大橋、渡船碼頭、左岸公園、挖子尾生態保留區、十三行博物館、八仙樂園等景點，可一路欣賞淡水河與大屯山交織而成的山光水色、溼地生態與人文古蹟，累了就在沿途的露天咖啡座或各式景觀咖啡店休息一下，喝杯咖啡再上路，十分愜意。

　　從八里左岸公園往十三行博物館方向，還會經過一個重要的生態保護區——挖子尾自然保留區，此處潮間帶主要保育水筆仔與伴之而生的動植物，是一處極佳的天然地理教室，經常可見家長、老師帶著小朋友來此做戶外教學。整片綠油油的水筆仔與停留在沙灘上的藍色小船，形成一幅美麗的自然風情畫。

P.131. N ▶ BaLi 水岸四季景觀餐廳 ········ P.131. O ▶ 十三行博物館 ·········

依傍八里水岸美景的「BaLi 水岸四季景觀餐廳」就位在左岸路上，外觀相當醒目，像是一棟從峇里島直接空運過來的白色 Villa。除了一般用餐區，還規劃多個包廂，提供各種聚餐需求。餐點部分，亦以道地的南洋美食為主，像是印尼炒飯、峇里島牛肉麵、沙嗲串燒等，亦有下午茶等套餐組合，精緻的餐點設計與悠閒的空間氛圍，吸引了許多女性族群特別來此用餐。

由於餐廳設計與周遭環境呈現出悠閒的海島浪漫情懷，因此也成為許多情侶約會、求婚及舉辦婚宴的場所。戶外更設有露天水池、Live Band 現場演唱，讓戶外座位區炙手可熱。

1955 年，一架空軍飛機飛越八里上空時，因為飛機羅盤出現磁力異常反應，在地質學家、考古學家探勘後發現了史前遺址；1998 年，政府就地成立十三行博物

館，也是台灣第一間考古博物館，完整保留距今 1800 年至 500 年前的史前鐵器時代文化，並定為國定第二級遺址。考古學家從遺跡發現當時的居民已有煉鐵的知識與能力，且開始應用銀器、銅幣、金飾等，推測當時已有和外界交換物品的貿易經濟行為。十三行博物館內設有遺址出土等重要文物常設展、特展廳、考古學習體驗室，詳細介紹了十三行文化、圓山文化等過往的遺跡與生活文化。

址：新北市八里區觀海大道 39 號
電：(02)2619-5258
營：週一～四 11:30-22:00
　　週五～日 11:30-23:00

址：新北市八里區博物館路 200 號
電：(02)2619-1313
營：09:30-17:00（每月第一個週一休館）
網：www.sshm.ntpc.gov.tw

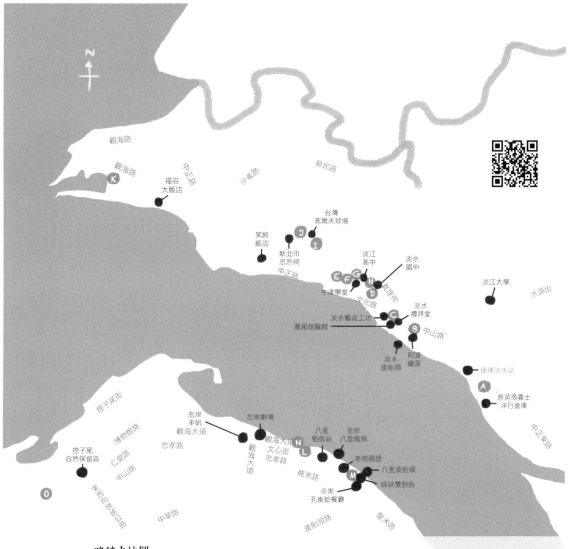

路線九地圖

A. 淡水河岸咖啡
B. 重建街
C. 馬偕街
D. 淡水海關稅務司官邸
　（小白宮）

E. 紅毛城
F. 真理大學大禮拜堂、管風琴
G. 牧師樓古蹟庭園咖啡
H. 真理大學教士會館
I. 一滴水紀念館

J. 滬尾砲台
K. 漁人碼頭
L. 八里左岸公園
M. 八里老街
N. BaLi 水岸四季景觀餐廳
O. 十三行博物館

1. 位於金山至三芝區的海岸間，有許多獨立的濱海咖啡館。2. 金山有數間公共浴室，是當地人推薦的泡湯勝地。3. 水車在三芝農業發展中有極大貢獻。

山海的旅程

位於新北市最北端的四個區：三芝、石門、金山、萬里，也就是山青水秀、海深天藍的「北海岸」所在地。因位於大屯山系與太平洋之間，造就此區豐富的地質景觀、海洋風情與人文聚落。

近年以海鮮美食打響名號的萬里，剛好位於斷層帶經過的區塊，山區近內湖一帶，早期是煤礦產地，現為單車車友、高爾夫球、登山客、飛行活動愛好者的重要去處；近海區則為漁業、地質景觀與海洋娛樂的主要活動地點。而金山在很早的時候就是北海岸人文活動熱絡的地方，著名景點如莊嚴的佛教聖地法鼓山及國際知名的藝術大師朱銘所創建的朱銘美術館，加上特色美食金山鴨肉及多樣泉質的溫泉，使金山成為北海岸最重要的旅遊勝地。

石門與三芝因早期交通運輸不便，自成一格地形成向心力較強的聚落，近年開發出許多特色餐廳與咖啡店，加上名人輩出、觀光景點多，也使這兩個地區逐漸受到遊客歡迎。

交通資訊

台灣好行－皇冠北海岸線：基隆出發至淡水往返，途經萬里、金山、石門、三芝。
公車：基隆客運790線，自基隆經萬里至金山往返；基隆客運862線，自基隆出發至淡水往返，途經萬里、金山、石門、三芝。

私遊路線

淺水灣 ● — 三芝遊客中心及名人文物館 ○ — 源興居 ○ — 煙燻小站 ○ — 莎蜜拉海岸咖啡坊 ○ — 老梅石槽 ○ — 石門鐵觀音 ○ — 石門洞 ○ — 博愛中藥舖 ○ — 金包里老街 ○ — 野柳地質公園 ○

P.141. A 淺水灣 ·························

P.141. B&C 源興居、三芝遊客中心及名人文物館 ··········

淺水灣位於新北市三芝區，沿著淡金公路由淡水往三芝方向，約 16 公里處即可到達。寬闊平直的沙灘，加上碧海藍天的自然景致，是北海岸夏日重要消暑的休閒勝地。淺水灣擁有彎月形沙灘的海濱美景，同時具有岩岸與沙灣的特質，沿岸吸引不少遊客來此戲水或垂釣，近年更吸引眾多愛好衝浪的人士到淺水灣一展身手。

由於北海岸及觀音山國家風景區管理處在此規劃了不少設施，無論是觀景海堤、原木步道，都可在此觀景、聽濤，或到附近的特色咖啡館中品嚐美味餐點。傍晚欣賞落日餘暉，夜晚靜聽濤聲與星光為伴，少了熱門海灣的喧譁，淺水灣更顯寧靜悠閒，來此一遊可讓心靈享受自由與舒暢。

址：新北市三芝區淺水灣
營：全日開放
票：免費參觀

「三芝遊客中心及名人文物館」與源興居比鄰，位於山景優美之處，視野遼闊，遊客中心主體建築仿唐代建築風格設計，古樸優雅，提供遊客寬敞的休憩空間及旅遊諮詢。

位於遊客中心內的名人文物館，透過展演名人故事，如前總統李登輝、國際知名音樂家江文也先生、台灣第一位醫學博士杜聰明、民主運動家盧修一等，讓民眾了解在地歷史。

源興居是李前總統登輝先生的舊居，完整保存了傳統式閩南三合院建築，展現古樸典雅的風韻，在此休憩不但可以懷舊，還能找到傳統農村的寧靜樸實。

址：新北市三芝區埔坪里埔頭坑 164-2 號
電：(02)8636-5143
營：09:00-17:00
票：免費參觀

芝柏山莊可說是藝術家的集散地，山莊內有餐館、民宿和小美術館，建築風格奇趣，隨意散步間都有驚喜的小發現。山莊內的李天祿布袋戲文物館是全台首座專業的布袋戲文物館，館內所收藏布袋戲文物，有逾 200 尊超過百年歷史的布袋戲偶，且都曾伴隨李天祿藝師逾一甲子的演藝生涯。館內主要分為演藝廳、展示館、DIY 區三大部份，讓到訪的遊客們對於布袋戲藝術有更深一層的了解與認知。

P.141. D&E

李天祿布袋戲文物館、芝柏山莊

址：新北市三芝區芝柏路 26 號
電：(02)2636-9174
營：假日 10:00-17:00
　　其餘時間採預約參觀
票：70 元

德式料理「煙燻小棧」，是北海岸沿線上十分著名的異國餐廳，店主人是來自德國紐倫堡的方安德先生（Andreas Forster），提供道地德國料理，同時將店面裝潢為具有德國鄉村風情的空間，連餐具都從德國渡海而來，保證原汁原味。店內最受老饕們歡迎的招牌菜，就是煙燻製成的德國豬腳，而家庭式綜合拼盤也是許多客人的首選，份量十足。在田野間享受充滿麥香的麵包、如山般高聳的沙拉、暢飲德國啤酒的豪邁氣氛，是不是讓人非常嚮往呢？

P.141. F

煙燻小站 Smoky inn

址：新北市三芝區中興街一段 31 號
電：(02)2636-8299
營：平日 12:00-19:00；假日 12:00-19:30

三芝小豬本店位於人煙罕至的 101 縣道上，陣陣烘焙香吸引許多人特別來到此處。位於北海岸邊的輕食館開設在石門婚紗廣場對面，位置易尋，能輕鬆享受麵包香氣與海風吹拂的悠閒時光。輕食館提供現做手作麵包、餅乾及起士蛋糕，其中以吐司人氣最高，常常一出爐就售罄。看到架上空空也別失望，店員會告知下次出爐時間，稍加等待，熱騰騰且富有嚼勁的手工吐司就能跟著你回家囉。

P.141. G

三芝小豬輕食館

址：新北市石門鄉崁子腳 58-8 號
電：(02)2638-0130
營：4 ～ 10 月 11:00-19:30
　　11 ～ 3 月 11:00-18:30，週一公休

熱騰騰手工吐司！

P.141. H. 莎蜜拉海岸咖啡坊 ············

　　莎蜜拉海岸咖啡坊是間既能看到日出，也能看到日落的咖啡館。座落在石門純樸的老梅社區裡，經過蜿蜒的巷道與人家，在綠色石槽與澎湃海浪前，點上一杯咖啡，讓人得以從都市的緊張感中鬆脫，回歸自在。

　　莎蜜拉原本只是小小的舊倉庫，經改裝後，以藍、黃、橘、白……等大膽明亮色彩重新點綴，透過別緻窗戶引進戶外景致，希臘式風情中再放入許多知名攝影師及畫家的作品，每個角落都像是偶像劇場景，更是創意飛馳的藝文場域。

　　此外，莎蜜拉所有的餐點，無論是Pizza、義大利麵、排餐等全為現做，道地夠味，就連真正的義大利人都喜歡，週週來此造訪。

址：新北市石門區老梅社區楓林 25-1 號
電：(02)2638-3250
營：平日 11:00-20:00；假日 10:00-20:00

P.141. I. 老梅石槽 ···········

　　全台唯一，只有在石門區老梅才看得到的「綠石槽海岸」，是由於大屯火山爆發後遺留的火山礁岩經海浪長期沖刷後，質地鬆軟的部份被侵蝕後形成溝槽。這種特殊的「石槽」地形景觀在每年 4、5 月會長出一大片綠色的海藻，形成令人讚嘆不已的「綠石槽」海岸景觀。這季節限定的美景，吸引攝影玩家來此拍攝。不過近年來綠石槽在遊客的踩踏下已面臨生存危機，所以請務必留在沙灘上遠觀，千萬不要踩踏綠石槽。此外，由於漲潮時海水會淹沒綠石槽，前往遊覽時請先上氣象局網站查詢每日石門地區的乾潮時間。

址：新北市石門區老梅里
營：全天候開放

P.141.J 石門鐵觀音

100多年前，石門引進了「硬枝紅心」品種鐵觀音茶樹，開啟了石門製茶的扉頁。石門的鐵觀音茶園多位在海岸台地背側，不會受到海風直吹，加上大屯山優良的水質、山區雲霧繚繞，適合茶樹生長的好環境配合當地紅棕壤土質，使石門鐵觀音茶別具風味，茶湯甘潤厚醇，帶有些許果酸香味。目前種植茶樹面積約有300公頃，部分茶園也開放為觀光茶園，走在有百年歷史的茶山步道中，放眼宛如梯田的茶園，令人心曠神怡。茶園中每株茶樹均標示品名、種類、簡介，喝茶之餘還能識茶，頗富教育意義。

地址：新北市石門區中央路2號（石門區農會）
電話：(02)2638-1005

P.141.K 石門洞

位於台灣319個鄉鎮中，地處最北端的石門區，最著名的地標就是石門洞。早期原本只是一塊突出的石礁，經長年經由海水浪濤沖鑿，便逐漸形成一座高約十公尺拱門狀的天然海蝕岩洞。夏日時可見到許多家庭來此戲水，配合潮汐時間更可於岩石區、潮間帶與海洋生物互動。沿著海岸線鋪設的步道觀景平台及涼亭，視野遼闊，可遠眺數座風力發電機。每年春天，石門洞之上更開滿台灣原生種野百合及石板菜，美不勝收。在這裡，放慢平日的忙碌腳步，漫步欣賞海天美景或落日夕照，呼吸海洋氣息，感受自然的美好。

址：台2線28.7公里處

P.141.L 博愛中藥舖 ·······················

P.141.M 舊金山總督溫泉 ·······················

從清朝時代就已存在的博愛中藥舖，百年來不僅守護著金山居民的健康，也保存了老店的建築與文化。帶有南洋風味的建築風格，至今仍在金山老街上散發迷人的風采，仿若活生生的歷史場景躍然眼前，讓人不禁放緩步調，只想安安靜靜地聆聽屬於老舖的故事。

博愛中藥舖不但是金包里老街最具代表性的老建築之一，店內的藥櫃和藥罐更已超過百年歷史，黑檀木桌椅、清朝燒製的陶瓷藥罐、外皮斑駁的杉木藥櫃……等，加上數百種中藥材的馨香，縈迴成古色古香的療癒氛圍，讓人身在其中彷彿穿越時空，來到了清朝宮廷劇裡的太醫院。

址：新北市金山區金包里街 26 號
營：10:00-17:00

金山區的溫泉舊稱「金包里溫泉」，與陽明山溫泉同屬大屯山地熱帶，水質暖滑，清澈無刺鼻味。其中「舊金山總督溫泉」於日治時期即已存在，昭和 13 年由台灣總督府撥款興建；光復之後，國軍以此處為海防要塞，泉源遂廢。軍隊移防後，人去樓空，建物也因此荒蕪廢置。後來，經營團隊以原建物為藍圖，尋找舊風格建材，保存昭和時代色彩，重建昔日風貌，開啟了會館的新生命。

溫泉館的頂樓為男、女露天大眾浴池，其中一面為台灣本島唯一可泡湯看海的地點；另一面則可遠眺陽明山國家公園的群巒和山嵐，於幽幽古味中遙想當年總督之樂。

址：新北市金山區民生路 196 號
電：(02)2408-2628
營：09:00-24:00

P.141. N **金包里老街**·······················

P.141. O **龜吼漁港三明美食**·····················

　　金包里老街其實就是俗稱的金山老街，是北海岸唯一一條清代商業老街。清朝時期，老街繁華的程度如同現今商業大城，是當時往來雜杳的商業活動區。說起金山的金包里老街，就不能不提到遠近馳名、肉甜味美的「金包里鴨肉ㄛˋ」，許多饕客遠道慕名而來，為的就是一嚐這家老店烹煮的鮮美鴨肉，鮮美的原味加上祕方特製，令人食指大動。

外帶一份鮮美鴨肉！

　　老街上也有許多在地農產品和美食，像是芋頭、甘藷、箭竹筍、山藥、山菜……都是金山特產，許多婆婆媽媽可是會特地到這裡採購呢！除此之外，蔴粩和拔絲地瓜也是不可錯過的人氣伴手禮，傳統的甜蜜滋味，一定會讓你一口接著一口，停不下來！

址：新北市金山區金包里街 96 號
　　（金包里鴨肉ㄛˋ）
電：(02)-2498-1656
營：09:00-19:00

　　龜吼漁港原本只是個非常小的漁港，卻因為地利之便，讓當地的居民陸續開起海鮮小吃店。約 20 年前，到台北學廚藝的三兄弟回來小漁村，開了第一家海鮮餐廳「三明美食」，靠著飛魚卵壽司打響名號。雖然後來兄弟分家，海鮮店越開越多，但三明美食仍是許多老饕的最愛。三明的海鮮食材，使用野柳、龜吼當地現撈漁獲，保證「尚青」。而來此用餐的老饕，都很內行地點用店家招牌菜，像是飛魚卵壽司、蒜泥鮮蚵、涼拌海菜、避風塘花蟹等人氣海鮮，再搭配莧菜小魚羹和生魚片，就是一桌好料的最佳組合。

址：新北市萬里區龜吼里漁澳路 64-5 號
電：(02)2492-4932
營：11:00-21:00

P.141.P 野柳地質公園 ·················

攝影／王正裕

野柳地質公園隸屬於萬里區，園內奇石遍佈，造型各異，規模之大乃世界罕見。「野柳」為大屯山餘脈伸出海中的岬角，從金山遠眺，猶如潛入海中的巨龜，又名為「野柳龜」。其因波浪侵蝕、岩石風化及地殼運動等作用，造就了海蝕洞溝、燭狀石、薑狀岩、豆腐石、蜂窩石、壺穴、溶蝕盤等各種奇特景觀。許多造型特別的女王頭、仙女鞋、燭台石等，讓野柳岬搖身一變成了天然的地質教室與奇石樂園。在野柳地質公園，可以見證所謂「海枯石爛」是何等光景，這些岩石在無可追擬的遙遠時空歷程裡，被大自然一點一滴刻劃為各式傑作。

址：新北市萬里區港東路 167-1 號
電：(02)2492-2016
營：07:30-17:00
　　5 月至 9 月平日延長至 18:00，假日延長至 18:30
票：80 元

P.141.Q 知味鄉烤玉米 ·················

人氣強強滾的知味鄉玉米，是每個開車經過金山萬里的遊客都會停車品嚐的必點美食。在不產玉米的萬里，卻靠烤玉米打響了知名度，店家的祕技就是先以高溫黑石燜煮 2 小時，一邊悶一邊澆水，以保持玉米的水分，將玉米的甜味都鎖在飽滿的玉米粒中。遊客選好玉米、秤重結帳後，店家會塗上特製醬料，由人工來碳烤玉米。店內辣椒選用朝天椒，嗜吃辣的人可以盡情挑戰！老闆說明，大排長龍的原因除了現點現烤，主要還因為玉米烤好後要放涼一下才能裝袋，他特別叮嚀客人不要把袋子封死，以免變得濕黏，破壞口感。

址：新北市萬里區大鵬里頂社 76 號
電：(02)2498-0345
營：平日 11:00-21:30；假日 10:00-22:00

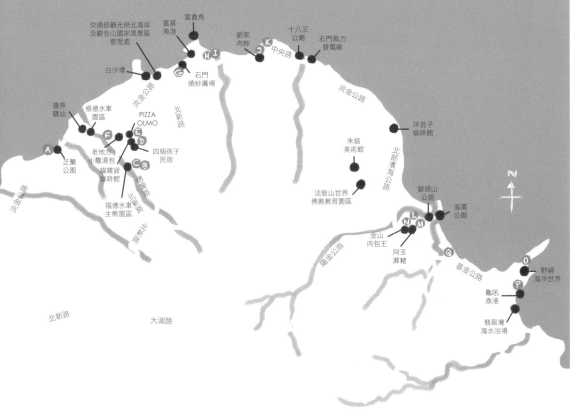

交通部觀光局北海岸
及觀音山國家風景區
管理處

富貴角
富基
漁港

白沙灣

邊界
驛站

淡金公路

北新路

石門
婚紗廣場

根德水車
園區

PIZZA
OLMO

老地方
小籠湯包
貓雜貨
咖啡館

福德水車
生態園區

北新路

芝蘭
公園

淡金公路

四個孩子
民宿

劉家
肉粽

中央路

十八王
公廟

石門風力
發電廠

淡金公路

洋荳子
咖啡館

朱銘
美術館

法鼓山世界
佛教教育園區

北部濱海公路

獅頭山
公園

海濱
公園

金山
肉包王

阿玉
蔴粩

N

陽金公路

基金公路

野柳
海洋世界

龜吼
漁港

翡翠灣
海水浴場

北新路

大湖路

路線十地圖

A. 淺水灣

B. 源興居

C. 三芝遊客中心及名人文物館

D. 李天祿布袋戲文物館

E. 芝柏山莊

F. 煙燻小站 Smoky inn

G. 三芝小豬輕食館

H. 莎蜜拉海岸咖啡坊

I. 老梅石槽

J. 石門鐵觀音

K. 石門洞

L. 博愛中藥舖

M. 舊金山總督溫泉

N. 金包里老街

O. 龜吼漁港三明美食

P. 野柳地質公園

Q. 知味鄉烤玉米

附 錄

大台北捷運路線圖

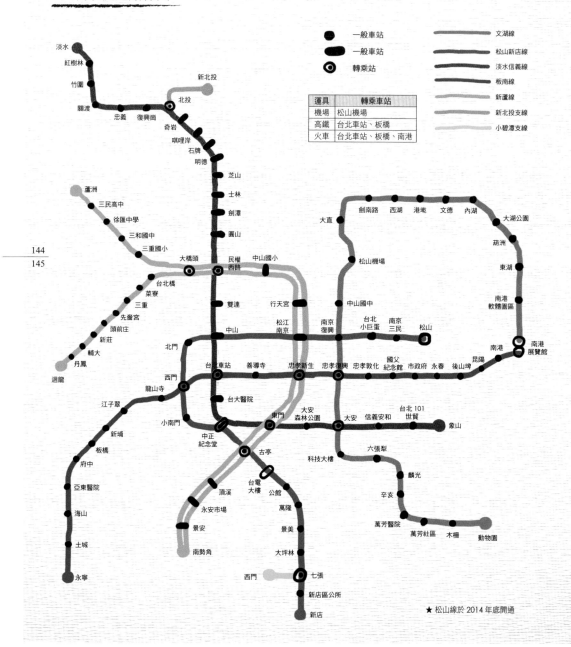

一般車站
一般車站
轉乘站

運具	轉乘車站
機場	松山機場
高鐵	台北車站、板橋
火車	台北車站、板橋、南港

文湖線
松山新店線
淡水信義線
板南線
新蘆線
新北投支線
小碧潭支線

★ 松山線於 2014 年底開通

交通資訊

悠遊卡
▲悠遊卡股份有限公司：www.easycard.com.tw

- 旅遊於新北市，若需要搭乘大眾運輸工具，建議使用悠遊卡。悠遊卡是一張整合大台北捷運系統、貓空纜車、臺鐵、公車、客運、自行車、計程車、停車場及特約機構等付費方式的非接觸式多功能電子票證；使用時，只需輕觸感應區，即可迅速完成交易，免除準備零錢、重複購票等困擾，並可不斷加值，一卡使用多年。使用完若尚有餘額，亦可至捷運站退回剩餘費用。

- 初次購買悠遊卡費用為 500 元，內含可使用費用 400 元，未用畢可退回（使用未滿 5 次或持卡未滿 3 個月須收手續費 20 元）。

- 另發行「台北觀光護照」（TaipeiPass），票卡分 1 日券 180 元、2 日券 310 元、3 日券 440 元、5 日券 700 元及貓纜版 1 日券 250 元，為感應式交通票卡，旅客持該票卡至公車驗票機或捷運閘門啟用後，於有效使用天數內可不限次數搭乘台北捷運、台北聯營公車、新北市市轄公車。

公車
▲查詢資訊：e-bus.tpc.gov.tw/ 或 5284.taipei.gov.tw

新北市公車採分段式收費，搭乘 2 段票（含）以上路線之車輛，若跨越分段點（或分段緩衝區），應加收一段票。一段票價全票 15 元，可自備零錢或以悠遊卡支付。使用悠遊卡搭乘捷運轉乘公車，可享 1 小時內轉乘享全票 8 元之優惠。公車上不售票、不找零。

火車
▲台灣鐵路管理局：www.railway.gov.tw/tw/

- **西部幹線**：幾乎各火車、電車班次都會停靠板橋站。
- **宜蘭線**：可停靠瑞芳、猴硐、牡丹、雙溪、貢寮及福隆等站。
- **平溪／深澳線**：可停靠八堵、暖暖、四角亭、海科館、瑞芳、猴硐、三貂嶺、大華、十分、望古、嶺腳、平溪、菁桐。
- **東北角一日券**：可在瑞芳－頭城間（含平溪線）各站自由搭乘區間車或復興號，當日不限搭乘次數，票價 126 元。
- **平溪線、深澳雙支線（海科館至菁桐）一日券**：可在區間各站自由搭乘區，當日不限搭乘次數，票價 64 元。

台灣好行

▲台灣好行網站：www.taiwantrip.com.tw/

專為旅遊規劃設計的公車服務，從各大景點所在地附近的臺鐵、高鐵及捷運站接送旅客前往台灣主要觀光景點，對於不想長途駕車、參加旅行團的旅人，是最適合自行規劃行程、輕鬆出遊的好方式，也響應了節能減碳的旅遊新風潮。

新北市相關路線：

- **黃金福隆線**：瑞芳火車站→九份老街→黃金博物館→水湳洞→鼻頭站→龍洞海洋公園→龍洞四季灣→澳底→福隆遊客中心
- **皇冠北海岸線**：淡水捷運站（淡水捷運站出站後右轉，約 100 公尺處）→淺水灣山莊→三芝遊客中心及名人文化館→北觀風景區管理處（白沙灣）→新十八王公（石門婚紗廣場）→石門洞→筠園→朱銘美術館→金山（老街）→金山遊客中心（獅頭山公園）→加投里（溫泉區）→野柳地質公園→龜吼漁港→翡翠灣→大武崙工業區（觀光工廠）→基隆火車站（旅服中心）
- **木柵平溪線**：捷運木柵站→深坑（老街）→雙溪口（可轉乘至石碇老街）→姑娘廟→菁桐坑（老街）→平溪（老街）→十分寮（老街）→十分遊客中心

計程車

▲免付費系統：0800-055-850；行動電話付費系統：55850

一律為黃色車身，採跳表制，可隨招隨停或電話叫車。
計費方式：起跳價 70 元，達 1.25 公里後每 250 公尺跳 5 元，行車速度低於 5 公里以下時，每1 分 40 秒加 5 元。夜間 11 點到凌晨 6 點加收 20 元。部分地區如淡水，按錶加收 30 元。

租車

▲和運租車：電話 0800-024-550、網址 www.easyrent.com.tw/
格上租車：電話 0800-222-568、網址 www.car-plus.com.tw/

自行車

▲新北市公共自行車資訊網：bike.ntpc.gov.tw
大台北自行車網站：www.bike2city.nat.gov.tw/bikecity/

新北市規劃有多條完善單車道，各景點也有多處單車租借提供，可參考相關網站。

實用旅遊資訊

旅遊服務中心

▲ 24 小時服務免付費旅遊諮詢熱線：0800-011-765
　新北市觀光旅遊網：http://tour.tpc.gov.tw/
　新北旅客粉絲團：www.facebook.com/ntctour

單位	地址	電話	NewTaipei 無線上網
新北市板橋 旅遊服務中心	新北市板橋區縣民大道二段 7 號 B1 （板橋火車站地下室一樓） 服務時間：09:00 - 18:00	（02）2965-7806	提供
新北市淡水 旅遊服務中心	新北市淡水區中正路 1 號 服務時間：09:00 - 18:00	（02）2626-7613	提供
新北市新店 旅遊服務中心	新北市新店區北宜路一段 2 號旁 服務時間：09:00 - 18:00	（02）2918-8509	提供
新北市瑞芳火車站 旅遊服務中心	新北市瑞芳區明燈路三段 82 號 服務時間：09:00 - 18:00	（02）2497-3813	提供
烏來遊客中心	新北市烏來區烏來街 45 號之 1 服務時間：08:00 - 18:00	（02）2661-6355	提供
烏來瀑布遊客中心	新北市烏來區烏來里瀑布 34 號 服務時間：09:00 - 17:00	（02）2661-6942	提供
十分遊客中心	新北市平溪區南山里南山坪 136 號 服務時間：08:00 - 18:00	（02）2495-8409	提供
九份遊客中心	新北市瑞芳區汽車路 89 號 1 樓 服務時間：08:00 - 17:00	（02）2406-3270	提供
九份輕便路遊客中心	新北市瑞芳區輕便路 194 號 服務時間：09:00 - 18:00	（02）2497-3949	提供
猴硐煤礦博物園區 （資訊站）	新北市瑞芳區柴寮路 44 號 遊客中心服務時間：08:00 - 17:00	（02）2497-4143	提供
水湳洞遊客中心及 展演藝廊	新北市瑞芳區濂洞里洞頂路 155-8 號 服務時間：09:00-17:30 展演藝廊（山城美館）週一固定公休	展演藝廊（山城美館） （02）2496-2005 水湳洞遊客中心 （02）2496-1588	提供

智慧型手機免費 APP

- 雙北搭公車即時資訊：有路線規劃、附近站牌等服務。
- 新北 GoGoFun：有快速定位、周遭地標及活動地圖服務，方便查詢。
- 新北搭公車：方便快速查詢公車路線及即時動態資訊。
- 新北旅客、驚艷水金九 http://tour.tpc.gov.tw/page.aspx?wtp=1&wnd=161

旅程中的車票、咖啡館的杯墊、旅人眼中的風景拍立得……
拼貼成滿載回憶的手帳頁面。

放緩心情，我們跳上搖搖晃晃的火車，
尋找隱藏在平溪山間的日式宿舍群、無人火車站……

遙望海洋的同時，彎著腰走過九份山城的穿屋巷。

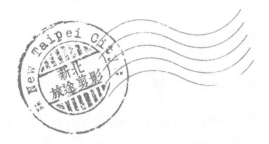

漫步鶯歌與三峽老街,感受孩提時的捏陶樂趣、
品味傳統藝術之美。在新店渡口,等待擺渡人攜你飄蕩煙波。

情報旅遊

新北風格私旅：樂遊繽紛活力城

策劃	新北市政府
總策劃	朱立倫
策劃召集	陳國君
策劃人員	賴宇亭、林崇智、王國振、余雅芳、羅天岡、赦斯惠
行政執行	陳靜芳、黃大峰、吳若瑄、林予晴、林桂芳、張馨文、許安婷、吳佩諭、王詩舒、楊雪晴、唐士傑、王哲笙、鄭大成
撰文、攝影	韓小蒂、李麗文、周培文
部分攝影	洪偉傑
主編	俞聖柔
責任編輯	俞聖柔、張召儀
視覺設計	高茲琳
插圖繪製	頸鹿 zhua zhua（www.facebook.com/giraffezhua2）
發行人	洪祺祥
第一編輯部總編輯	林慧美
法律顧問	建大法律事務所
財務顧問	高威會計事務所
出版	日月文化出版股份有限公司
製作	山岳文化
地址	台北市信義路三段 151 號 8 樓
電話	(02)2708-5509　傳真：(02)2708-6157
客服信箱	service@heliopolis.com.tw
網址	http://www.ezbooks.com.tw
郵撥帳號	19716071 日月文化出版股份有限公司
總經銷	聯合發行股份有限公司
電話	(02)2917-8022　傳真：(02)2915-7212
印刷	禾耕彩色印刷事業有限公司
初版	2014 年 10 月
定價	260 元
ISBN	978-986-248-412-8
GPN	1010301734

國家圖書館出版品預行編目資料

新北風格私旅：樂遊繽紛活力城 / 新北市政府策劃；韓小蒂、
李麗文、周培文 撰文攝影 . -- 初版 . -- 臺北市：日月文化, 2014.10
160 面；17*20 公分　 ISBN 978-986-248-412-8(平裝)
1. 旅遊 2. 新北市
733.9 / 103.6　　　　　　　　　　　　　　　 103014711

私藏不藏私

憑本書優惠卷於假日 11:00-13:00 來店用餐，
即送水果優格一份

使用期限：2014/10/1 ～ 2015/2/ 28 止
本優惠券僅限用一次（店家蓋章以示證明使用過）

牧師樓古蹟庭園咖啡

憑本書優惠券，消費任一種咖啡打 9 折

使用期限：2014/10/1 ～ 2015/9/30 止
本優惠券僅限用一次（店家蓋章以示證明使用過）

小小書房

優惠活動：憑本書優惠券，於小小任購一本新書
即可直接成為會員，並享 9 折優惠。

使用期限：2014/10/1 ～ 2014/12/31 止
本優惠券僅限用一次（店家蓋章以示證明使用過）

私藏不藏私

店家地址：新北市中和區景安路 167 巷 6 號 1 樓
電　　話：(02) 8943-3173
營業時間：平日 13:00-21:00，假日 11:00-21:00

牧師樓古蹟庭園咖啡

店家地址：新北市淡水區真理街 32 號
電　　話：(02) 2628-1212
營業時間：週二～四 10:00-19:00；週五、六 10:00-21:00；週日 10:00-19:00

小小書房

店家地址：新北市永和區復興街 36 號
電　　話：(02) 2923-1925
營業時間：11:30-22:30

茶花莊

憑本書優惠卷免費入園 1 次

使用期限：2014/10/1 ～ 2015/9/ 30 止
本優惠券僅限用一次（店家蓋章以示證明使用過）
其他備註：1 人限用 1 張

雙溪平林休閒農場

合菜九折（需事先預約）、
假日住宿九折（需事先預約且不含通鋪）

使用期限：無期限限制
本優惠券僅限用一次（店家蓋章以示證明使用過）
其他備註：雙溪火車站可免費接送

甘樂文創

來店用餐單筆消費滿 500 元，即送焦糖香蕉乙份（限平日）

使用期限：2014/9/1 ～ 2014/12/31 止
本優惠券僅限用一次（店家蓋章以示證明使用過）
其他備註：優惠券限平日使用

茶花莊

店家地址：新北市雙溪區平林里梅竹蹊 67 號
電　　話：(02) 2493-2631
營業時間：08:00-17:00（螢火蟲季休息時間延後）

雙溪平林休閒農場

店家地址：新北市雙溪區平林里外平林 35 號
電　　話：(02) 2493-4016
營業時間：09:00-18:00

甘樂文創

店家地址：新北市三峽區清水街 317 號
電　　話：(02) 2671-7090
營業時間：11:00 - 21:00

巧的二舖

來店消費可享 85 折優惠

使用期限：無期限限制
本優惠券僅限用一次（店家蓋章以示證明使用過）

一串燒烤慢食餐廳／鐵木亞沙藝術工作室

憑本書優惠券，於一串燒烤慢食餐廳／鐵木亞沙藝術工作室
消費滿 1000 元，贈送鐵幕亞沙親筆繪畫馬克杯 1 只。

使用期限：2014/10/1 ～ 2015/3/31 止
本優惠券僅限用一次（店家蓋章以示證明使用過）

一塊兒咖啡館

當日單次消費滿 300 元送美味脆薯一份

使用期限：2014/9/1 ～ 2015/2/28 止
本優惠券僅限用一次（店家蓋章以示證明使用過）

巧的二舖

店家地址：新北市三峽區民權街 137 號
電　　話：(02) 2671-1500
營業時間：平日 10:30 - 18:00，假日 10:00 - 19:30，週一公休

一串燒烤慢食餐廳／鐵木亞沙藝術工作室

店家地址：新北市新店區華城路 6-20 號
電　　話：0955-686593
營業時間：14:00-23:00，請電話預約

一塊兒咖啡館

店家地址：新北市板橋區金門街 288-1 號 1 樓
電　　話：(02) 2683-5519
營業時間：平日 10:00-21:30，例假日 8:30-21:30